《关于若干历史问题的决议》

（一九四五年四月二十日中国共产党第六届
中央委员会扩大的第七次全体会议通过）

《关于建国以来党的若干历史问题的决议》

（一九八一年六月二十七日中国共产党第十一届
中央委员会第六次全体会议一致通过）

中共党史出版社

图书在版编目（CIP）数据

《关于若干历史问题的决议》《关于建国以来党的若干历史问题的决议》/ 中国共产党中央委员会通过 . —北京：中共党史出版社，2010.3（2021.11 重印）
ISBN 978-7-5098-0541-1
Ⅰ . 关… Ⅱ . 中…Ⅲ . ①中国共产党十七届四中全会（2009）- 文件 ②中共中央 - 党史 - 问题 - 决议 Ⅳ . D220
中国版本图书馆 CIP 数据核字（2009）第 225440 号

责任编辑： 吴　江
出版发行： 中共党史出版社
社　　址： 北京市海淀区芙蓉里南街 6 号院 1 号楼
邮　　编： 100080
网　　址： www.dscbs.com
经　　销： 新华书店
印　　刷： 北京汇林印务有限公司
开　　本： 170mm × 240mm　1/16
字　　数： 64 千字
印　　张： 8
印　　数： 1500061-1510060 册
版　　次： 2010 年 3 月第 1 版　　2013 年 3 月修订
印　　次： 2021 年 11 月第 36 次印刷
ISBN 978-7-5098-0541-1
定　　价： 24.00 元

目　录

关于若干历史问题的决议

（一九四五年四月二十日中国共产党第六届中央委员会扩大的第七次全体会议通过）

（一）

中国共产党自一九二一年产生以来，就以马克思列宁主义的普遍真理和中国革命的具体实践相结合为自己一切工作的指针，毛泽东同志关于中国革命的理论和实践便是此种结合的代表。我们党一成立，就展开了中国革命的新阶段——毛泽东同志所指出的新民主主义革命的阶段。在为实现新民主主义而进行的二十四年（一九二一年至一九四五年）的奋斗中，在第一次大革命、土地革命和抗日战争的三个历史时期中，我们党始终一贯地领导了广大的中国人民，向中国人民的敌人——帝国主义和封建主义，进行了艰苦卓绝的革命斗争，取得了伟大的成绩和丰富的经验。党在奋斗的过程中产生了自己的领袖毛泽东同志。毛泽东同志代表中国无产阶级和中国人民，将人类最高智慧——马克思列宁主义的科学理论，创造地应用于中国这样的以农民为主要群众、以反帝反封建为直接任务而又地广人众、情况极复杂、斗争极困难的半封建半殖民地的大国，光辉地发展了列宁斯大林关于殖民地半殖民地问题的学说和斯大林关于中国革命问题的学说。由于坚持了正确的马克思列宁主义的路线，并向一切与之相反的错误思想作了胜利的斗争，党才在三个时期中取得了伟大的成绩，达到了今天这样在思想上、政治上、组织上的空前的巩固和统一，发展为今天这样强大的革命力量，有了一百二十余万党员，领导了拥有近一万万人民、近一百万军队的中国解放区，形成为全国人民抗日战争和解放事业的伟大的重心。

（二）

在中国新民主主义革命的第一个时期中，在一九二一年至一九二七年，特别是在一九二四年至一九二七年，中国人民的反帝反封建的大革命，曾经在共产国际的正确指导之下，在中国共产党的正确领导的影响、推动和组织之下，得到了迅速的发展和伟大的胜利。中国共产党的全体同志，在这次大革命中，进行了轰轰烈烈的革命工作，发展了全国的工人运动、青年运动和农民运动，推进并帮助了国民党的改组和国民革命军的建立，形成了东征和北伐的政治上的骨干，领导了全国反帝反封建的伟大斗争，在中国革命史上写下了极光荣的一章。但是，由于当时的同盟者国民党内的反动集团在一九二七年叛变了这个革命，由于当时帝国主义和国民党反动集团的联合力量过于强大，特别是由于在这次革命的最后一个时期内（约有半年时间），党内以陈独秀为代表的右倾思想，发展为投降主义路线，在党的领导机关中占了统治地位，拒绝执行共产国际和斯大林同志的许多英明指示，拒绝接受毛泽东同志和其他同志的正确意见，以至于当国民党叛变革命，向人民突然袭击的时候，党和人民不能组织有效的抵抗，这次革命终于失败了。

从一九二七年革命失败至一九三七年抗日战争爆发的十年间，中国共产党，并且只有中国共产党，在反革命的极端恐怖的统治下，全党团结一致地继续高举着反帝反封建的大旗，领导广大的工人、农民、士兵、革命知识分子和其他革命群众，作了政治上、军事上和思想上的伟大战斗。在这个战斗中，中国共产党创造了红军，建立了工农兵代表会议的政府，建立了革命根据地，分配了土地给贫苦的农民，抗击了当时国民党反动政府的进攻和一九三一年

"九一八"以来的日本帝国主义的侵略,使中国人民的新民主主义的民族解放和社会解放的事业,取得了伟大的成绩。全党对于企图分裂党和实行叛党的托洛茨基陈独秀派和罗章龙、张国焘等的反革命行为,也同样团结一致地进行了斗争,使党保证了在马克思列宁主义总原则下的统一。在这十年内,党的这个总方针和为实行这个总方针的英勇奋斗,完全是正确的和必要的。无数党员、无数人民和很多党外革命家,当时在各个战线上轰轰烈烈地进行革命斗争,他们的奋斗牺牲、不屈不挠、前仆后继的精神和功绩,在民族的历史上永垂不朽。假如没有这一切,则抗日战争即不能实现;即使实现,亦将因为没有一个积蓄了人民战争丰富经验的中国共产党作为骨干,而不能坚持和取得胜利。这是毫无疑义的。

尤其值得我们庆幸的是,我们党以毛泽东同志为代表,创造性地把马克思、恩格斯、列宁、斯大林的革命学说应用于中国条件的工作,在这十年内有了很大的发展。我党终于在土地革命战争的最后时期,确立了毛泽东同志在中央和全党的领导。这是中国共产党在这一时期的最大成就,是中国人民获得解放的最大保证。

但是我们必须指出,在这十年内,我党不仅有了伟大的成就,而且在某些时期中也犯过一些错误。其中以从党的一九三一年一月第六届中央委员会第四次全体会议(六届四中全会）到一九三五年一月扩大的中央政治局会议（遵义会议）这个时期内所犯政治路线、军事路线和组织路线上的“左”倾错误，最为严重。这个错误，曾经给了我党和中国革命以严重的损失。

为了学习中国革命的历史教训，以便“惩前毖后，治病救人”，使“前车之覆”成为“后车之鉴”，在马克思列宁主义思想一致的基础上，团结全党同志如同一个和睦的家庭一样，如同一块坚固的钢铁一样，为着获得抗日战争的彻底胜利和中国人民的完全解放而奋斗，中国共产党第六届中央委员会扩大的第七次全体会议（扩大的六届七中全会）认为：对于这十年内若干党内历史问题，尤其是六届四中全会至遵义会议期间中央的领导路线问题，作出正式的结论，是有益的和必要的。

（三）

一九二七年革命失败后，在党内曾经发生了“左”、右倾的偏向。

以陈独秀为代表的一小部分第一次大革命时期的投降主义者，这时对于革命前途悲观失望，逐渐变成了取消主义者。他们采取了反动的托洛茨基主义立场，认为一九二七年革命后中国资产阶级对于帝国主义和封建势力已经取得了胜利，它对于人民的统治已趋稳定，中国社会已经是所谓资本主义占优势并将得到和平发展的社会；因此他们武断地说中国资产阶级民主革命已经完结，中国无产阶级只有待到将来再去举行“社会主义革命”，在当时就只能进行所谓以“国民会议”为中心口号的合法运动，而取消革命运动；因此他们反对党所进行的各种革命斗争，并污蔑当时的红军运动为所谓“流寇运动”。他们不但不肯接受党的意见，放弃这种机会主义的取消主义的反党观点，而且还同反动的托洛茨基分子相结合，成立了反党的小组织，因而不得不被驱逐出党，接着并堕落为反革命。

另一方面，由于对国民党屠杀政策的仇恨和对陈独秀投降主义的愤怒而加强起来的小资产阶级革命急性病，也反映到党内，使党内的“左”倾情绪也很快地发展起来了。这种“左”倾情绪在一九二七年八月七日党中央的紧急会议（八七会议）上已经开端。八七会议在党的历史上是有功绩的。它在中国革命的危急关头坚决地纠正了和结束了陈独秀的投降主义，确定了土地革命和武装反抗国民党反动派屠杀政策的总方针，号召党和人民群众继续革命的战斗，这些都是正确的，是它的主要方面。但是八七会议在反对右倾错误的时候，却为“左”倾错误开辟了道路。它在政治上不认识当时应当根据各地不同情况，组织正确的反攻或必要的策略上的退却，借以有计划地保存革命阵地和收集革命力量,反而容许了和助长了冒险主义和命令主义(特别是强迫工人罢工)的倾向。它在组织上开始了宗派主义的过火的党内斗争,过分地或不适当地强调了领导干部的单纯的工人成分的意义,并造成了党内相当严重的极端民主化状态。这种“左”倾情绪在八七会议后继续生长,到了一九二七年十一月党中央的扩大会议,就形成为“左”倾的盲动主义(即冒险主义)路线,并使“左”倾路线第一次在党中央的领导机关内取得了统治地位。这时的盲动主义者认为,中国革命的性质是所谓“不断革命”(混淆民主革命和社会主义革命),中国革命的形势是所谓“不断高涨”(否认一九二七年革命的失败),因而他们仍然不但不去组织有秩序的退却,反而不顾敌人的强大和革命失败后的群众情况,命令少数党员和少数群众在全国组织毫无胜利希望的地方起义。和这种政治上的冒险主义同时,组织上的宗派主义的打击政策也发展了起来。但是由于这个错误路线一开始就引起了毛泽东同志和在白色区域工作的许多同志的正确的批评和非难,并在实际工作中招致了许多损失,到了一九二八年初,这个“左”倾路线的执行在许多地方已经停止,而到同年四月(距“左”倾路线的开始不到半年时间),就在全国范围的实际工作中基本上结束了。

一九二八年六、七月间召开的党的第六次全国代表大会的路线,基本上是正确的。它正确地肯定了中国社会是半殖民地半封建社会,指出了引起现代中国革命的基本矛盾一个也没有解决,因此确定了中国现阶段的革命依然是资产阶级民主革命,并发布了民主革命的十大纲领。它正确地指出了当时的政治形势是在两个革命高潮之间,指出了革命发展的不平衡,指出了党在当时的总任务不是进攻,不是组织起义,而是争取群众。它进行了两条战线的斗争,批判了右的陈独秀主义和“左”的盲动主义,特别指出了党内最主要的危险倾向是脱离群众的盲动主义、军事冒险主义和命令主义。这些都是完全必要的。另一方面,第六次大会也有其缺点和错误。它对于中间阶级的两面性和反动势力的内部矛盾,缺乏正确的估计和政策;对于大革命失败后党所需要的策略上的有秩序的退却,对于农村根据地的重要性和民主革命的长期性,也缺乏必要的认识。这些缺点和错误,虽然使得八七会议以来的“左”倾思想未能根本肃清,并被后来的“左”倾思想所片面发展和极端扩大,但仍然不足以掩盖第六次大会的主要方面的正确性。党在这次大会以后一个时期内的工作,是有成绩的。毛泽东同志在这个时期内,不但在实践上发展了第六次大会路线的正确方面,并正确地解决了许多为这次大会所不曾解决或不曾正确地解决的问题,而且在理论上更具体地和更完满地给了中国革命的方向以马克思列宁主义的科学根据。在他的指导和影响之下,红军运动已经逐渐发展成为国内政治的重要因素。党在白色区域的组织和工作,也有了相当的恢复。

但是,在一九二九年下半年至一九三〇年上半年间,还在党内存在着的若干“左”倾思想和“左”倾政策,又有了某些发展。在这个基础上,遇着时局的对革命有利的变动,便发展成为第二次的“左”倾路线。在一九三〇年五月蒋冯阎战争爆发后的国内形势的刺激下,党中央政治局由李立三同志领导,在六月十一日通过了“左”倾的《新的革命高潮与一省或数省的首先胜利》决议案,使“左”倾路线第二次统治了中央的领导机关。产生这次错误路线(李立三路线)的原因,是由于李立三同志等不承认革命需要主观组织力量的充分准备,认为“群众只要大干,不要小干”,因而认为当时不断的军阀战争,加上红军运动的初步发展和白区工作的初步恢复,就已经是具备了可以在全国“大干”(武装起义)的条件;由于他们不承认中国革命的不平衡性,认为革命危机在全国各地都有同样的生长,全国各地都要准备马上起义,中心城市尤其要首先发动以形成全国革命高潮的中心,并污蔑毛泽东同志在长期中用主要力量去创造农村根据地,以农村来包围城市,以根据地来推动全国革命高潮的思想,是所谓“极端错误的”“农民意识的地方观念与保守观念”;由于他们不承认世界革命的不平衡性，认为中国革命的总爆发必将引起世界革命的总爆发，而中国革命又必须在世界革命的总爆发中才能成功；由于他们不承认中国资产阶级民主革命的长期性，认为一省数省首先胜利的开始即是向社会主义革命转变的开始，并因此规定了若干不适时宜的“左”倾政策。在这些错误认识下，立三路线的领导者定出了组织全国中心城市武装起义和集中全国红军进攻中心城市的冒险计划；随后又将党、青年团、工会的各级领导机关，合并为准备武装起义的各级行动委员会，使一切经常工作陷于停顿。在这些错误决定的形成和执行过程中，立三同志拒绝了许多同志的正确的批评和建议，并在党内强调地反对所谓“右倾”，在反“右倾”的口号下错误地打击了党内不同意他的主张的干部，因而又发展了党内的宗派主义。这样，立三路线的形态，就比第一次“左”倾路线更为完备。

但是立三路线在党内的统治时间也很短（不到四个月时间）。因为凡实行立三路线的地方都使党和革命力量受到了损失，广大的干部和党员都要求纠正这一路线。特别是毛泽东同志，他不但始终没有赞成立三路线，而且以极大的忍耐心纠正了红一方面军中的“左”倾错误，因而使江西革命根据地的红军在这个时期内不但没有受到损失，反而利用了当时蒋冯阎战争的有利形势而得到了发展，并在一九三〇年底至一九三一年初胜利地粉碎了敌人的第一次“围剿”。其他革命根据地的红军，除个别地区外，也得到了大体相同的结果。在白区，也有许多做实际工作的同志，经过党的组织起来反对立三路线。

一九三〇年九月党的第六届中央委员会第三次全体会议（六届三中全会）及其后的中央，对于立三路线的停止执行是起了积极作用的。虽然六届三中全会的文件还表现了对立三路线调和妥协的精神（如否认它是路线错误，说它只是“策略上的错误”等），虽然六届三中全会在组织上还继续着宗派主义的错误，但是六届三中全会既然纠正了立三路线对于中国革命形势的极左估计，停止了组织全国总起义和集中全国红军进攻中心城市的计划，恢复了党、团、工会的独立组织和经常工作，因而它就结束了作为立三路线主要特征的那些错误。立三同志本人，在六届三中全会上也承认了被指出的错误，接着就离开了中央的领导地位。六届三中全会后的中央，又在同年十一月的补充决议和十二月的第九十六号通告中，进一步地指出了立三同志等的路线错误和六届三中全会的调和错误。当然，无论六届三中全会或其后的中央，对于立三路线的思想实质，都没有加以清算和纠正，因此一九二七年八七会议以来特别是一九二九年以来一直存在于党内的若干“左”倾思想和“左”倾政策，在六届三中全会上和六届三中全会后还是浓厚地存在着。但是六届三中全会及其后的中央既然对于停止立三路线作了上述有积极作用的措施，当时全党同志就应该在这些措施的基础上继续努力，以求反“左”倾错误的贯彻。

但在这时，党内一部分没有实际革命斗争经验的犯“左”倾教条主义错误的同志，在陈绍禹（王明）同志的领导之下，却又在“反对立三路线”、“反对调和路线”的旗帜之下，以一种比立三路线更强烈的宗派主义的立场，起来反抗六届三中全会后的中央了。他们的斗争，并不是在帮助当时的中央彻底清算立三路线的思想实质，以及党内从八七会议以来特别是一九二九年以来就存在着而没有受到清算的若干“左”倾思想和“左”倾政策；在当时发表的陈绍禹同志的《两条路线》即《为中共更加布尔什维克化而斗争》的小册子中，实际上是提出了一个在新的形态下，继续、恢复或发展立三路线和其他“左”倾思想“左”倾政策的新的政治纲领。这样，“左”倾思想在党内就获得了新的滋长，而形成为新的“左”倾路线。

陈绍禹同志领导的新的“左”倾路线虽然也批评了立三路线的“左”倾错误和六届三中全会的调和错误，但是它的特点，是它主要地反而批评了立三路线的“右”，是它指责六届三中全会“对立三路线的一贯右倾机会主义的理论与实际，未加以丝毫揭破和打击”，指责第九十六号通告没有看出“右倾依然是目前党内主要危险”。新的“左”倾路线在中国社会性质、阶级关系的问题上，夸大资本主义在中国经济中的比重，夸大中国现阶段革命中反资产阶级斗争、反富农斗争和所谓“社会主义革命成分”的意义，否认中间营垒和第三派的存在。在革命形势和党的任务问题上，它继续强调全国性的“革命高潮”和党在全国范围的“进攻路线”，认为所谓“直接革命形势”很快地即将包括一个或几个有中心城市在内的主要省份。它并从“左”的观点污蔑中国当时还没有“真正的”红军和工农兵代表会议政府，特别强调地宣称当时党内的主要危险是所谓“右倾机会主义”、“实际工作中的机会主义”和“富农路线”。在组织上，这条新的“左”倾路线的代表者们违反组织纪律，拒绝党所分配的工作，错误地结合一部分同志进行反中央的宗派活动，错误地在党员中号召成立临时的中央领导机关，要求以“积极拥护和执行”这一路线的“斗争干部”“来改造和充实各级的领导机关”等，因而造成了当时党内的严重危机。这样，虽然新的“左”倾路线并没有主张在中心城市组织起义，在一个时期内也没有主张集中红军进攻中心城市，但是整个地说来，它却比立三路线的“左”倾更坚决，更“有理论”，气焰更盛，形态也更完备了。

一九三一年一月，党在这些以陈绍禹同志为首的“左”的教条主义宗派主义分子从各方面进行压迫的情势之下，也在当时中央一部分犯经验主义错误的同志对于他们实行妥协和支持的情势之下，召开了六届四中全会。这次会议的召开没有任何积极的建设的作用，其结果就是接受了新的“左”倾路线，使它在中央领导机关内取得胜利，而开始了土地革命战争时期“左”倾路线对党的第三次统治。六届四中全会直接实现了新的“左”倾路线的两项互相联系的错误纲领：反对所谓“目前党内主要危险”的“右倾”，和“改造充实各级领导机关”。尽管六届四中全会在形式上还是打着反立三路线、反“调和路线”的旗帜，它的主要政治纲领实质上却是“反右倾”。六届四中全会虽然在它自己的决议上没有作出关于当时政治形势的分析和党的具体政治任务的规定，而只是笼统地反对所谓“右倾”和所谓“实际工作中的机会主义”；但是在实际上，它是批准了那个代表着当时党内“左”倾思想，即在当时及其以后十多年内还继续被人们认为起过“正确的”“纲领作用”的陈绍禹同志的小册子——《两条路线》即《为中共更加布尔什维克化而斗争》；而这个小册子，如前面所分析的，基本上乃是一个完全错误的“反右倾”的“左”倾机会主义的总纲领。在这个纲领下面，六届四中全会及其后的中央，一方面提拔了那些“左”的教条主义和宗派主义的同志到中央的领导地位，另一方面过分地打击了犯立三路线错误的同志，错误地打击了以瞿秋白同志为首的所谓犯“调和路线错误”的同志，并在六届四中全会后接着就错误地打击了当时所谓“右派”中的绝大多数同志。其实,当时的所谓“右派”,主要地是六届四中全会宗派主义的“反右倾”斗争的产物。这些人中间也有后来成为真正右派并堕落为反革命而被永远驱逐出党的以罗章龙为首的极少数的分裂主义者,对于他们,无疑地是应该坚决反对的;他们之成立并坚持第二党的组织,是党的纪律所绝不容许的。至于林育南、李求实、何孟雄等二十几个党的重要干部,他们为党和人民做过很多有益的工作,同群众有很好的联系,并且接着不久就被敌人逮捕,在敌人面前坚强不屈,慷慨就义。所谓犯“调和路线错误”的瞿秋白同志,是当时党内有威信的领导者之一,他在被打击以后仍继续做了许多有益的工作(主要是在文化方面),在一九三五年六月也英勇地牺牲在敌人的屠刀之下。所有这些同志的无产阶级英雄气概,乃是永远值得我们纪念的。六届四中全会这种对于中央机关的“改造”,同样被推广于各个革命根据地和白区地方组织。六届四中全会以后的中央,比六届三中全会及其以后的中央更着重地更有系统地向全国各地派遣中央代表、中央代表机关或新的领导干部,以此来贯彻其“反右倾”的斗争。

在六届四中全会以后不久,一九三一年五月九日中央所发表的决议,表示新的“左”倾路线已经在实际工作中得到了具体的运用和发展。接着,中国连续发生了许多重大事变。江西中央区红军在毛泽东同志的正确领导和全体同志的积极努力之下，在六届四中全会后的中央还没有来得及贯彻其错误路线的情况之下，取得了粉碎敌人第二次和第三次“围剿”的巨大胜利；其他多数革命根据地和红军，在同一时期和同一情况下，也得到了很多的胜利和发展。另一方面，日本帝国主义在一九三一年“九一八”开始的进攻，又激起了全国民族民主运动的新的高涨。新的中央对于这些事变所造成的新形势，一开始就作了完全错误的估计。它过分地夸大了当时国民党统治的危机和革命力量的发展，忽视了“九一八”以后中日民族矛盾的上升和中间阶级的抗日民主要求，强调了日本帝国主义和其他帝国主义是要一致地进攻苏联的，各帝国主义和中国各反革命派别甚至中间派别是要一致地进攻中国革命的，并断定中间派别是所谓中国革命的最危险的敌人。因此它继续主张打倒一切，认为当时“中国政治形势的中心的中心，是反革命与革命的决死斗争”；因此它又提出了红军夺取中心城市以实现一省数省首先胜利，和在白区普遍地实行武装工农、各企业总罢工等许多冒险的主张。这些错误，最先表现于一九三一年九月二十日中央的《由于工农红军冲破敌人第三次“围剿”及革命危机逐渐成熟而产生的紧急任务决议》，并在后来临时中央的或在临时中央领导下作出的《关于日本帝国主义强占满洲事变的决议》（一九三一年九月二十二日)、《关于争取革命在一省与数省首先胜利的决议》(一九三二年一月九日)、《关于一二八事变的决议》(一九三二年二月二十六日)、《在争取中国革命在一省数省的首先胜利中中国共产党内机会主义的动摇》(一九三二年四月四日)、《中央区中央局关于领导和参加反对帝国主义进攻苏联瓜分中国与扩大民族革命战争运动周的决议》(一九三二年五月十一日)、《革命危机的增长与北方党的任务》(一九三二年六月二十四日)等文件中得到了继续和发挥。

自一九三一年九月间以秦邦宪(博古)同志为首的临时中央成立起,到一九三五年一月遵义会议止,是第三次"左"倾路线的继续发展的时期。其间,临时中央因为白区工作在错误路线的领导下遭受严重损失,在一九三三年初迁入江西南部根据地,更使他们的错误路线得以在中央所在的根据地和邻近各根据地进一步地贯彻执行。在这以前,一九三一年十一月的江西南部根据地党代表大会和一九三二年十月中央区中央局的宁都会议,虽然已经根据六届四中全会的"反右倾"和"改造各级领导机关"的错误纲领,污蔑过去江西南部和福建西部根据地的正确路线为"富农路线"和"极严重的一贯的右倾机会主义错误",并改变了正确的党的领导和军事领导;但是因为毛泽东同志的正确战略方针在红军中有深刻影响,在临时中央的错误路线尚未完全贯彻到红军中去以前，一九三三年春的第四次反"围剿"战争仍然得到了胜利。而在一九三三年秋开始的第五次反"围剿"战争中，极端错误的战略就取得了完全的统治。在其他许多政策上，特别是对于福建事变的政策上，"左"倾路线的错误也得到了完全的贯彻。

一九三四年一月，由临时中央召集的第六届中央委员会第五次全体会议（六届五中全会），是第三次"左"倾路线发展的顶点。六届五中全会不顾"左"倾路线所造成的中国革命运动的挫折和"九一八""一二八"以来国民党统治区人民抗日民主运动的挫折，盲目地判断"中国的革命危机已到了新的尖锐的阶段——直接革命形势在中国存在着"；判断第五次反"围剿"的斗争"即是争取中国革命完全胜利的斗争"，说这一斗争将决定中国的"革命道路与殖民地道路之间谁战胜谁的问题"。它又重复立三路线的观点，宣称"在我们已将工农民主革命推广到中国重要部分的时候，实行社会主义革命将成为共产党的基本任务，只有在这个基础上，中国才会统一，中国民众才会完成民族的解放"等等。在反对"主要危险的右倾机会主义"、"反对对右倾机会主义的调和态度"和反对"用两面派的态度在实际工作中对党的路线怠工"等口号之下，它继续发展了宗派主义的过火斗争和打击政策。

第三次“左”倾路线在革命根据地的最大恶果，就是中央所在地区第五次反“围剿”战争的失败和红军主力的退出中央所在地区。“左”倾路线在退出江西和长征的军事行动中又犯了逃跑主义的错误，使红军继续受到损失。党在其他绝大多数革命根据地（闽浙赣区、鄂豫皖区、湘鄂赣区、湘赣区、湘鄂西区、川陕区）和广大白区的工作，也同样由于“左”倾路线的统治而陷于失败。统治过鄂豫皖区和川陕区的张国焘路线，则除了一般的“左”倾路线之外，还表现为特别严重的军阀主义和在敌人进攻面前的逃跑主义。

以上这些，就是第三次统治全党的、以教条主义分子陈绍禹秦邦宪二同志为首的、错误的“左”倾路线的主要内容。

犯教条主义错误的同志们披着“马列主义理论”的外衣，仗着六届四中全会所造成的政治声势和组织声势，使第三次“左”倾路线在党内统治四年之久，使它在思想上、政治上、军事上、组织上表现得最为充分和完整，在全党影响最深，因而其危害也最大。但是犯这个路线错误的同志，在很长时期内，却在所谓“中共更加布尔什维克化”、“百分之百的布尔什维克”等武断词句下，竭力吹嘘同事实相反的六届四中全会以来中央领导路线之“正确性”及其所谓“不朽的成绩”，完全歪曲了党的历史。

在第三次“左”倾路线时期中，以毛泽东同志为代表的主张正确路线的同志们，是同这条“左”倾路线完全对立的。他们不赞成并要求纠正这条“左”倾路线，因而他们在各地的正确领导，也就被六届四中全会以来的中央及其所派去的组织或人员所推翻了。但是“左”倾路线在实际工作中的不断碰壁，尤其是中央所在地区第五次反“围剿”中的不断失败，开始在更多的领导干部和党员群众面前暴露了这一路线的错误，引起了他们的怀疑和不满。在中央所在地区红军长征开始后，这种怀疑和不满更加增长，以至有些曾经犯过“左”倾错误的同志，这时也开始觉悟，站在反对“左”倾错误的立场上来了。于是广大的反对“左”倾路线的干部和党员，都在毛泽东同志的领导下团结起来，因而在一九三五年一月，在毛泽东同志所领导的在贵州省遵义城召开的扩大的中央政治局会议上，得以胜利地结束了“左”倾路线在党中央的统治，在最危急的关头挽救了党。

遵义会议集中全力纠正了当时具有决定意义的军事上和组织上的错误，是完全正确的。这次会议开始了以毛泽东同志为首的中央的新的领导，是中国党内最有历史意义的转变。也正是由于这一转变，我们党才能够胜利地结束了长征，在长征的极端艰险的条件下保存了并锻炼了党和红军的基干，胜利地克服了坚持退却逃跑并实行成立第二党的张国焘路线，挽救了“左”倾路线所造成的陕北革命根据地的危机，正确地领导了一九三五年的“一二九”救亡运动，正确地解决了一九三六年的西安事变，组织了抗日民族统一战线，推动了神圣的抗日战争的爆发。

遵义会议后，党中央在毛泽东同志领导下的政治路线，是完全正确的。“左”倾路线在政治上、军事上、组织上都被逐渐地克服了。一九四二年以来，毛泽东同志所领导的全党反对主观主义、宗派主义、党八股的整风运动和党史学习，更从思想根源上纠正了党的历史上历次“左”倾以及右倾的错误。过去犯过“左”、右倾错误的同志，在长期体验中，绝大多数都有了很大的进步，做过了许多有益于党和人民的工作。这些同志，和其他广大同志在一起，在共同的政治认识上互相团结起来了。扩大的六届七中全会欣幸地指出：我党经过了自己的各种成功和挫折，终于在毛泽东同志领导下，在思想上、政治上、组织上、军事上，第一次达到了现在这样高度的巩固和统一。这是快要胜利了的党，这是任何力量也不能战胜了的党。

扩大的六届七中全会认为：关于抗日时期党内的若干历史问题，因为抗日阶段尚未结束，留待将来做结论是适当的。

（四）

为了使同志们进一步了解各次尤其是第三次“左”倾路线的错误，以利于“惩前毖后”，不在今后工作上重犯这类错误起见，特分别指出它们在政治上、军事上、组织上、思想上同正确路线相违抗的主要内容如下。

（一）在政治上：

如同斯大林同志所指出和毛泽东同志所详细分析过的，现阶段的中国，是一个半殖民地半封建的国家（“九一八”以后部分地变为殖民地）；这个国家的革命，在第一次世界大战之后，是国际无产阶级已在苏联胜利，中国无产阶级已有政治觉悟时代的民族民主革命。这就规定了中国现阶段革命的性质，是无产阶级领导的、以工人农民为主体而有其他广大社会阶层参加的、反帝反封建的革命，即是既区别于旧民主主义又区别于社会主义的新民主主义的革命。由于现阶段的中国是在强大而又内部互相矛盾的几个帝国主义国家和中国封建势力统治之下的半殖民地半封建的大国，其经济和政治的发展具有极大的不平衡性和不统一性，这就规定了中国新民主主义革命的发展之极大的不平衡性，使革命在全国的胜利不能不经历长期的曲折的斗争；同时又使这一斗争能广泛地利用敌人的矛盾，在敌人的统治比较薄弱的广大地区首先建立和保持武装的革命根据地。为中国革命实践所证明的中国革命的上述基本特点和基本规律，既为一切右倾路线所不了解和违抗，也为各次尤其是第三次“左”倾路线所不了解和违抗。“左”倾路线因此在政治上犯了三个主要方面的错误：

第一，各次“左”倾路线首先在革命任务和阶级关系的问题上犯了错误。和斯大林同志一样，毛泽东同志还在第一次大革命时期，就不但指出中国现阶段革命的任务是反帝反封建，而且特别指出农民的土地斗争是中国反帝反封建的基本内容，中国的资产阶级民主革命实质上就是农民革命，因此对于农民斗争的领导是中国无产阶级在资产阶级民主革命中的基本任务。在土地革命战争初期，他又指出中国所需要的仍是资产阶级民主革命，“必定要经过这样的民权主义革命”，才谈得上社会主义的前途；指出土地革命因为革命在城市的失败有了更大的意义，“半殖民地中国的革命，只有农民斗争得不到工人的领导而失败，没有农民斗争的发展超过工人的势力而不利于革命本身的”；指出大资产阶级叛变革命之后，自由资产阶级仍然和买办资产阶级有区别，要求民主尤其是要求反帝国主义的阶层还是很广泛的，因此必须正确地对待和尽可能地联合或中立各种不同的中间阶级，而在乡村中则必须正确地对待中农和富农（“抽多补少，抽肥补瘦”，同时坚决地团结中农，保护富裕中农，给富农以经济的出路，也给一般地主以生活的出路）。凡此都是新民主主义的基本思想，而"左"倾路线是不了解和反对这些思想的。虽然各次"左"倾路线所规定的革命任务，许多也还是民主主义的，但是它们都混淆了民主革命和社会主义革命的一定界限，并主观地急于要超过民主革命；都低估农民反封建斗争在中国革命中的决定作用；都主张整个地反对资产阶级以至上层小资产阶级。第三次"左"倾路线更把反资产阶级和反帝反封建并列，否认中间营垒和第三派的存在，尤其强调反对富农。特别是九一八事变发生以后，中国阶级关系有了一个明显的巨大的变化，但是当时的第三次"左"倾路线则不但不认识这个变化，反而把同国民党反动统治有矛盾而在当时积极活动起来的中间派别断定为所谓"最危险的敌人"。应当指出，第三次"左"倾路线的代表者也领导了农民分配土地，建立政权和武装反抗当时国民党政府的进攻，这些任务都是正确的；但是由于上述的"左"倾认识，他们就错误地害怕承认当时的红军运动是无产阶级领导的农民运动，错误地反对所谓"农民特殊革命性"、"农民的资本主义"和所谓"富农路线"，而实行了许多超民主主义的所谓"阶级路线"的政策，例如消灭富农经济及其他过左的经济政策、劳动政策，一切剥削者均无参政权的政权政策，强调以共产主义为内容的国民教育政策，对知识分子的过左政策，要兵不要官的兵运工作和过左的肃反政策等，而使当前的革命任务被歪曲，使革命势力被孤立，使红军运动受挫折。同样，应当指出，我党在一九二七年革命失败后的国民党统治区中，一贯坚持地领导了人民的民族民主运动，领导了工人及其他群众的经济斗争和革命的文化运动，反对了当时国民党政府出卖民族利益和压迫人民的政策；特别是“九一八”以后，我党领导了东北抗日联军，援助了“一二八”战争和察北抗日同盟军，和福建人民政府成立了抗日民主的同盟，提出了在三个条件下红军愿同国民党军队联合抗日，在六个条件下愿同各界人民建立民族武装自卫委员会，在一九三五年八月一日发表了《为抗日救国告全体同胞书》，号召成立国防政府和抗日联军等，这些也都是正确的。但是在各次尤其是第三次“左”倾路线统治时期，由于指导政策的错误，不能在实际上正确地解决问题，以致当时党在国民党统治区的工作也都没有得到应有的结果，或归于失败。当然，在抗日问题上，在当时还不能预料到代表中国大地主大资产阶级主要部分的国民党主要统治集团在一九三五年的华北事变尤其是一九三六年的西安事变以后所起的变化，但是中间阶层和一部分大地主大资产阶级的地方集团已经发生了成为抗日同盟者的变化，这个变化是广大党员和人民都已经认识了的，却被第三次“左”倾路线所忽视或否认，形成了自己的严重的关门主义,使自己远落于中国人民的政治生活之后。这个关门主义错误所造成的孤立和落后的状况,在遵义会议以前,基本上是没有改变的。

第二,各次“左”倾路线在革命战争和革命根据地的问题上,也犯了错误。斯大林同志说:“在中国,是武装的革命反对武装的反革命。这是中国革命的特点之一,也是中国革命的优点之一。”和斯大林同志一样,毛泽东同志在土地革命战争初期即已正确指出,由于半殖民地半封建的中国,是缺乏民主和工业的不统一的大国,武装斗争和以农民为主体的军队,是中国革命的主要斗争形式和组织形式。毛泽东同志又指出:广大农民所在的广大乡村,是中国革命必不可少的重要阵地(革命的乡村可以包围城市,而革命的城市不能脱离乡村);中国可以而且必须建立武装的革命根据地,以为全国胜利(全国的民主统一)的出发点。在一九二四年至一九二七年革命时期,由于国共合作建立了联合政府,当时的根据地是以某些大城市为中心的,但是即在那个时期,也必须在无产阶级领导下建立以农民为主体的人民军队,并解决乡村土地问题,以巩固根据地的基础。而在土地革命战争时期,由于强大的反革命势力占据了全国的城市,这时的根据地就只能主要地依靠农民游击战争(而不是阵地战),在反革命统治薄弱的乡村(而不是中心城市)首先建立、发展和巩固起来。毛泽东同志指出这种武装的乡村革命根据地在中国存在的历史条件，是中国的“地方的农业经济（不是统一的资本主义经济）和帝国主义划分势力范围的分裂剥削政策”，是由此而来的“白色政权间的长期的分裂和战争”。他又指出这种根据地对于中国革命的历史意义，是“必须这样，才能树立全国革命群众的信仰，如苏联之于全世界然。必须这样，才能给反动统治阶级以甚大的困难，动摇其基础而促进其内部的分解。也必须这样，才能真正地创造红军，成为将来大革命的主要工具。总而言之，必须这样，才能促进革命的高潮”。至于这个时期的城市群众工作，则应如正确路线在白区工作中的代表刘少奇同志所主张的，采取以防御为主（不是以进攻为主），尽量利用合法的机会去工作（而不是拒绝利用合法），以便使党的组织深入群众，长期荫蔽，积蓄力量，并随时输送自己的力量到乡村去发展乡村武装斗争力量，借此以配合乡村斗争，推进革命形势，为其主要方针。因此，直至整个形势重新具有在城市中建立民主政府的条件时为止，中国革命运动应该以乡村工作为主，城市工作为辅；革命在乡村的胜利和在城市的暂时不能胜利，在乡村的进攻和在城市的一般处于防御，以至在这一乡村的胜利及进攻和在另一乡村的失败、退却和防御，就织成了在这一时期中全国的革命和反革命相交错的图画，也就铺成了在这一形势下革命由失败到胜利的必经道路。但是各次“左”倾路线的代表者，因为不了解半殖民地半封建的中国社会的特点，不了解中国资产阶级民主革命实质上是农民革命，不了解中国革命的不平衡性、曲折性和长期性，就从而低估了军事斗争特别是农民游击战争和乡村根据地的重要性，就从而反对所谓“枪杆子主义”和所谓“农民意识的地方观念与保守观念”，而总是梦想这时城市的工人斗争和其他群众斗争能突然冲破敌人的高压而勃兴，而发动中心城市的武装起义，而达到所谓“一省数省的首先胜利”，而形成所谓全国革命高潮和全国胜利，并以这种梦想作为一切工作布置的中心。但是实际上，在一九二七年革命失败后阶级力量对比的整个形势下，这种梦想的结果不是别的，首先就是造成了城市工作本身的失败。第一次“左”倾路线这样失败了，第二次“左”倾路线仍然继续同样的错误；所不同的，是要求红军的配合，因为这时红军已经逐渐长大了。第二次失败了，第三次“左”倾路线仍然要求在大城市“真正”准备武装起义；所不同的，是主要要求红军的占领，因为这时红军更大，城市工作更小了。这样不以当时的城市工作服从乡村工作，而以当时的乡村工作服从城市工作的结果，就是使城市工作失败以后，乡村工作的绝大部分也遭到失败。应当指出，在一九三二年以后，由于红军对中心城市的不能攻克或不能固守，特别是由于国民党的大举进攻，实际上已经停止了夺取中心城市的行动；而在一九三三年以后，又由于城市工作的更大破坏，临时中央也离开了城市而迁入了乡村根据地，实行了一个转变。但是这种转变，对于当时的“左”倾路线的同志们说来，不是自觉的，不是从研究中国革命特点得出正确结论的结果，因此，他们依然是以他们错误的城市观点，来指导红军和根据地的各项工作，并使这些工作受到破坏。例如，他们主张阵地战，而反对游击战和带游击性的运动战；他们错误地强调所谓“正规化”，而反对红军的所谓“游击主义”；他们不知道适应分散的乡村和长期的被敌人分割的游击战争，以节省使用根据地的人力物力，和采取其他必要的对策；他们在第五次反“围剿”中提出所谓“中国两条道路的决战”和所谓“不放弃根据地一寸土地”的错误口号，等等，就是明证。

扩大的六届七中全会着重指出：我们上面所说的这一时期内乡村工作所应推进、城市工作所应等待的形势变化，现时已经迫近了。只有在现时，在抗日战争的最后阶段，在我党领导的军队已经壮大，并还将更加壮大的时候，将敌占区的城市工作提到和解放区工作并重的地位，积极地准备一切条件，以便里应外合地从中心城市消灭日本侵略者，然后把工作重心转到这些城市去，才是正确的。这一点，对于从一九二七年革命失败以来艰难地将工作重心转入乡村的我党，将是一个新的有历史意义的转变；全党同志都应充分自觉地准备这一转变，而不再重复“左”倾路线在土地革命战争时期由城市转入乡村问题上所表现的初则反对、违抗，继则勉强、被迫和不自觉的那种错误。至于国民党统治区域，则是另外一种情形；在那里，我们现时的任务是无论在乡村或城市，都应放手动员群众，坚决反对内战分裂，力争和平团结，要求加强对日作战，废止国民党一党专政，成立全国统一的民主的联合政府。当敌占城市在人民手中得到了解放，全国统一的民主的联合政府真正地实现了和巩固了的时候，就将是乡村根据地的历史任务完成的时候。

第三，各次“左”倾路线在进攻和防御的策略指导上，也犯了错误。正确的策略指导，必须如斯大林同志所指出的，需要正确的形势分析（正确地估计阶级力量的对比，判断运动的来潮和退潮），需要由此而来的正确的斗争形式和组织形式，需要正确的“利用敌人阵营里的每一缝隙，善于给自己找寻同盟者”；而毛泽东同志对于中国革命运动的指导，正是一个最好的模范。毛泽东同志在一九二七年革命失败后，正确地指出全国革命潮流的低落，在全国范围内敌强于我，冒险的进攻必然要招致失败；但在反动政权内部不断分裂和战争，人民革命要求逐渐恢复和上升的一般条件下，和在群众经过第一次大革命斗争，并有相当力量的红军和有正确政策的共产党的特殊条件下，就可以

“在四围白色政权的包围中间，产生一小块或若干小块的红色政权区域”。他又指出：在统治阶级破裂时期，红色政权的发展“可以比较地冒进，用军事发展割据的地方可以比较地广大”；若在统治阶级比较稳定时期，则这种发展“必须是逐渐地推进的。这时在军事上最忌分兵冒进，在地方工作方面（分配土地，建立政权，发展党，组织地方武装）最忌把人力分得四散，而不注意建立中心区域的坚实基础”。即在同一时期，由于敌人的强弱不同，我们的策略也应当不同，所以湘赣边的割据地区就“对统治势力比较强大的湖南取守势，对统治势力比较薄弱的江西取攻势”。湘赣边红军以后进入闽赣边，又提出“争取江西，同时兼及闽西、浙西”的计划。不同的敌人对革命的不同利害关系，是决定不同策略的重要根据。所以毛泽东同志始终主张“利用反革命内部的每一冲突，从积极方面扩大他们内部的裂痕”，“反对孤立政策，承认争取一切可能的同盟者”。这些“利用矛盾，争取多数，反对少数，各个击破”的策略原则的运用，在他所领导的历次反“围剿”战争中，尤其在遵义会议后的长征和抗日民族统一战线工作中，得到了光辉的发展。刘少奇同志在白区工作中的策略思想，同样是一个模范。刘少奇同志正确地估计到一九二七年革命失败后白区特别是城市敌我力量的悬殊，所以主张有系统地组织退却和防御，“在形势与条件不利于我们的时候，暂时避免和敌人决斗”，以“准备将来革命的进攻和决斗”；主张有计划地把一九二四年至一九二七年革命时期的党的公开组织严格地转变为秘密组织，而在群众工作中则“尽可能利用公开合法手段”，以便党的秘密组织能够在这种群众工作中长期地荫蔽力量，深入群众，“聚积与加强群众的力量，提高群众的觉悟”。对于群众斗争的领导，刘少奇同志认为应当“根据当时当地的环境和条件，根据群众觉悟的程度，提出群众可能接受的部分的口号、要求和斗争的方式，去发动群众的斗争，并根据斗争过程中各种条件的变化，把群众的斗争逐渐提高到更高的阶段，或者‘适可而止’地暂时结束战斗，以准备下一次更高阶段和更大范围的战斗”。在利用敌人内部矛盾和争取暂时的同盟者的问题上，他认为应该“推动这些矛盾的爆发，与敌人营垒中可能和我们合作的成分，或者与今天还不是我们主要的敌人，建立暂时的联盟，去反对主要的敌人”；应该“向那些愿意同我们合作的同盟者作必要的让步，吸引他们同我们联合，参加共同的行动，再去影响他们，争取他们下层的群众”。一二九运动的成功，证明了白区工作中这些策略原则的正确性。和这种正确的策略指导相反，各次“左”倾路线的同志们因为不知道客观地考察敌我力量的对比，不知道采取与此相当的斗争形式和组织形式，不承认或不重视敌人内部的矛盾，这样，他们在应当防御的时候，固然因为盲目地实行所谓“进攻路线”而失败，就在真正应当进攻的时候，也因为不会组织胜利的进攻而失败。他们“估计形势”的方法，是把对他们的观点有利的某些个别的、萌芽的、间接的、片面的和表面的现象，夸大为大量的、严重的、直接的、全面的和本质的东西，而对于不合他们的观点的一切实际（如敌人的强大和暂时胜利，我们的弱小和暂时失败，群众的觉悟不足，敌人的内部矛盾，中间派的进步方面等），则害怕承认，或熟视无睹。他们从不设想到可能的最困难和最复杂的情况，而只是梦想着不可能的最顺利和最简单的情况。在红军运动方面，他们总是把包围革命根据地的敌人描写为“十分动摇”、“恐慌万状”、“最后死亡”、“加速崩溃”、“总崩溃”等等。第三次“左”倾路线的代表者们甚至认为红军对于超过自己许多倍的整个的国民党军队还占优势，因此总是要求红军作无条件的甚至不休息的冒进。第三次“左”倾路线的代表者们否认一九二四年至一九二七年革命所造成的南方和北方革命发展的不平衡（这种情况只是到了抗日战争期间才起了一个相反的变化），错误地反对所谓“北方落后论”，要求在北方乡村中普遍地建立红色政权，在北方白色军队中普遍地组织哗变成立红军。他们也否认根据地的中心地区和边缘地区的不平衡，错误地反对所谓“罗明路线”。他们拒绝利用进攻红军的各个军阀之间的矛盾，拒绝同愿意停止进攻红军的军队成立妥协。在白区工作方面，他们在革命已转入低潮而反革命的统治力量极为强大的城市，拒绝实行必要的退却和防御的步骤，拒绝利用一切合法的可能，而继续采取为当时情况所不允许的进攻的形式，组织庞大的没有掩护的党的机关和各种脱离广大群众的第二党式的所谓赤色群众团体，经常地无条件地号召和组织政治罢工、同盟罢工、罢课、罢市、罢操、罢岗、游行示威、飞行集会以至武装暴动等不易或不能得到群众参加和支持的行动，并曲解这一切行动的失败为“胜利”。总之，各次尤其是第三次“左”倾路线的同志们只知道关门主义和冒险主义，盲目地认为“斗争高于一切，一切为了斗争”，“不断地扩大和提高斗争”，因而不断地陷于不应有的和本可避免的失败。

（二）在军事上：

在中国革命的现阶段，军事斗争是政治斗争的主要形式。在土地革命战争时期，这一问题成为党的路线中的最迫切的问题。毛泽东同志不但运用马克思列宁主义规定了中国革命的正确的政治路线，而且从土地革命战争时期以来，也运用马克思列宁主义规定了服从于这一政治路线的正确的军事路线。毛泽东同志的军事路线从两个基本观点出发：第一，我们的军队不是也不能是其他样式的军队，它必须是服从于无产阶级思想领导的、服务于人民斗争和根据地建设的工具；第二，我们的战争不是也不能是其他样式的战争，它必须在承认敌强我弱、敌大我小的条件下，充分地利用敌之劣点与我之优点，充分地依靠人民群众的力量，以求得生存、胜利和发展。从第一个观点出发，红军（现在是八路军、新四军及其他人民军队）必须全心全意地为着党的路线、纲领和政策，也就是为着全国人民的各方面利益而奋斗，反对一切与此相反的军阀主义倾向。因此，红军必须反对军事不服从于政治或以军事来指挥政治的单纯军事观点和流寇思想；红军必须同时负起打仗、做群众工作和筹款（现在是生产）的三位一体的任务，而所谓做群众工作，就是要成为党和人民政权的宣传者和组织者，就是要帮助地方人民群众分配土地（现在是减租减息），建立武装，建立政权以至建立党的组织。因此，红军在军政关系和军民关系上，必须要求严格地尊重人民的政权机关和群众团体，巩固它们的威信，严格地执行"三大纪律""八项注意"；在军队的内部，必须建立正确的官兵关系，必须要有一定的民主生活和有威权的以自觉为基础的军事纪律；在对敌军的工作上，必须具有瓦解敌军和争取俘虏的正确政策。从第二个观点出发，红军必须承认游击战和带游击性的运动战是土地革命战争时期的主要战争形式，承认只有主力兵团和地方兵团相结合，正规军和游击队、民兵相结合，武装群众和非武装群众相结合的人民战争，才能够战胜比自己强大许多倍的敌人。因此，红军必须反对战略的速决战和战役的持久战，坚持战略的持久战和战役的速决战；反对战役战术的以少胜多，坚持战役战术的以多胜少。因此，红军必须实行“分兵以发动群众，集中以应付敌人”；“敌进我退，敌驻我扰，敌疲我打，敌退我追”；“固定区域的割据，用波浪式的推进政策；强敌跟追，用盘旋式的打圈子政策”；“诱敌深入”；“集中优势兵力，选择敌人的弱点，在运动战中有把握地消灭敌人的一部或大部，以各个击破敌人”等项战略战术的原则。各次“左”倾路线在军事上都是同毛泽东同志站在恰恰相反对的方面：第一次“左”倾路线的盲动主义，使红军脱离人民群众；第二次“左”倾路线，使红军实行冒险的进攻。但是这两次“左”倾路线在军事上都没有完整的体系。具有完整体系的是第三次。第三次“左”倾路线，在建军的问题上，把红军的三项任务缩小成为单纯的打仗一项，忽略正确的军民、军政、官兵关系的教育；要求不适当的正规化，把当时红军的正当的游击性当作所谓“游击主义”来反对；又发展了政治工作中的形式主义。在作战问题上，它否认了敌强我弱的前提；要求阵地战和单纯依靠主力军队的所谓“正规”战；要求战略的速决战和战役的持久战；要求“全线出击”和“两个拳头打人”；反对诱敌深入，把必要的转移当作所谓“退却逃跑主义”；要求固定的作战线和绝对的集中指挥等；总之是否定了游击战和带游击性的运动战，不了解正确的人民战争。在第五次反“围剿”作战中，他们始则实行进攻中的冒险主义，主张“御敌于国门之外”；继则实行防御中的保守主义，主张分兵防御，“短促突击”，同敌人“拚消耗”；最后，在不得不退出江西根据地时，又变为实行真正的逃跑主义。这些都是企图用阵地战代替游击战和运动战，用所谓“正规”战争代替正确的人民战争的结果。

在抗日战争的战略退却和战略相持阶段中，因为敌我强弱相差更甚，八路军和新四军的正确方针是：“基本的是游击战，但不放松有利条件下的运动战。”强求过多的运动战是错误的。但在将要到来的战略反攻阶段，正如全党的工作重心需要由乡村转到城市一样，在我军获得新式装备的条件下，战略上也需要由以游击战为主变为以运动战和阵地战为主。对于这个即将到来的转变，也需要全党有充分的自觉来作准备。

（三）在组织上：

如毛泽东同志所说，正确的政治路线应该是“从群众中来，到群众中去”。而为使这个路线真正从群众中来，特别是真正能到群众中去，就不但需要党和党外群众（阶级和人民）有密切的联系，而且首先需要党的领导机关和党内群众（干部和党员）有密切的联系，也就是说，需要正确的组织路线。因此，毛泽东同志在党的各个时期既然规定了代表人民群众利益的政治路线，同时也就规定了服务于这一政治路线的联系党内党外群众的组织路线。这个工作，在土地革命战争时期也得到了重要的发展，其集中的表现，便是一九二九年红四军党的第九次代表大会的决议。这个决议，一方面把党的建设提到了思想原则和政治原则的高度，坚持无产阶级思想的领导，正确地进行了反对单纯军事观点、主观主义、个人主义、平均主义、流寇思想、盲动主义等倾向的斗争，指出了这些倾向的根源、危害和纠正的办法；另一方面又坚持严格的民主集中制，既反对不正当地限制民主，也反对不正当地限制集中。毛泽东同志又从全党团结的利益出发，坚持局部服从全体，并根据中国革命的具体特点，规定了新干部和老干部、外来干部和本地干部、军队干部和地方干部、以及不同部门、不同地区的干部间的正确关系。这样，毛泽东同志就供给了一个坚持真理的原则性和服从组织的纪律性相结合的模范，供给了一个正确地进行党内斗争和正确地保持党内团结的模范。与此相反，在一切错误政治路线统治的同时，也就必然出现了错误的组织路线；这条错误的政治路线统治得愈久，则其错误的组织路线的为害也愈烈。因此，土地革命战争时期各次“左”倾路线，不但反对了毛泽东同志的政治路线，也反对了毛泽东同志的组织路线；不但形成了脱离党外群众的宗派主义(不把党当作人民群众利益的代表者和人民群众意志的集中者),也形成了脱离党内群众的宗派主义(不使党内一部分人的局部利益服从全党利益,不把党的领导机关当作全党意志的集中者)。尤其是第三次“左”倾路线的代表者,为贯彻其意旨起见,在党内曾经把一切因为错误路线行不通而对它采取怀疑、不同意、不满意、不积极拥护、不坚决执行的同志,不问其情况如何,一律错误地戴上“右倾机会主义”、“富农路线”、“罗明路线”、“调和路线”、“两面派”等大帽子,而加以“残酷斗争”和“无情打击”,甚至以对罪犯和敌人作斗争的方式来进行这种“党内斗争”。这种错误的党内斗争,成了领导或执行“左”倾路线的同志们提高其威信、实现其要求和吓唬党员干部的一种经常办法。它破坏了党内民主集中制的基本原则,取消了党内批评和自我批评的民主精神,使党内纪律成为机械的纪律,发展了党内盲目服从随声附和的倾向,因而使党内新鲜活泼的、创造的马克思主义之发展,受到打击和阻挠。同这种错误的党内斗争相结合的,则是宗派主义的干部政策。宗派主义者不把老干部看作党的宝贵的资本,大批地打击、处罚和撤换中央和地方一切同他们气味不相投的、不愿盲目服从随声附和的、有工作经验并联系群众的老干部。他们也不给新干部以正确的教育,不严肃地对待提拔新干部(特别是工人干部)的工作,而是轻率地提拔一切同他们气味相投的、只知盲目服从随声附和的、缺乏工作经验、不联系群众的新干部和外来干部,来代替中央和地方的老干部。这样,他们既打击了老干部,又损害了新干部。很多地区,更由于错误的肃反政策和干部政策中的宗派主义纠缠在一起,使大批优秀的同志受到了错误的处理而被诬害,造成了党内极可痛心的损失。这种宗派主义的错误,使党内发生了上下脱节和其他许多不正常现象,极大地削弱了党。

扩大的六届七中全会在此宣布:对于一切被错误路线所错误地处罚了的同志,应该根据情形,撤消这种处分或其错误部分。一切经过调查确系因错误处理而被诬害的同志,应该得到昭雪,恢复党籍,并受到同志的纪念。

(四)在思想上:

一切政治路线、军事路线和组织路线之正确或错误,其思想根源都在于它们是否从马克思列宁主义的辩证唯物论和历史唯物论出发,是否从中国革命的客观实际和中国人民的客观需要出发。毛泽东同志从他进入中国革命事业的第一天起,就着重于应用马克思列宁主义的普遍真理以从事于对中国社会实际情况的调查研究,在土地革命战争时期,尤其再三再四地强调了“没有调查就没有发言权”的真理,再三再四地反对了教条主义和主观主义的危害。毛泽东同志在土地革命战争时期所规定的政治路线、军事路线和组织路线，正是他根据马克思列宁主义的普遍真理，根据辩证唯物论和历史唯物论，具体地分析了当时国内外党内外的现实情况及其特点，并具体地总结了中国革命的历史经验，特别是一九二四年至一九二七年革命的历史经验的光辉的成果。在中国生活和奋斗的中国共产党人学习辩证唯物论和历史唯物论，应该是为了用以研究和解决中国革命的各种实际问题，如同毛泽东同志所做的。但是一切犯“左”倾错误的同志们，在那时，当然是不能了解和接受毛泽东同志的做法的，第三次“左”倾路线的代表者更污蔑他是“狭隘经验主义者”；这是因为他们的思想根源乃是主观主义和形式主义，在第三次“左”倾路线统治时期更特别突出地表现为教条主义的缘故。教条主义的特点，是不从实际情况出发，而从书本上的个别词句出发。它不是根据马克思列宁主义的立场和方法来认真研究中国的政治、军事、经济、文化的过去和现在，认真研究中国革命的实际经验，得出结论，作为中国革命的行动指南，再在群众的实践中去考验这些结论是否正确；相反地，它抛弃了马克思列宁主义的实质，而把马克思列宁主义书本上的若干个别词句搬运到中国来当做教条，毫不研究这些词句是否合乎中国现时的实际情况。因此，他们的“理论”和实际脱离，他们的领导和群众脱离，他们不是实事求是，而是自以为是，他们自高自大，夸夸其谈，害怕正确的批评和自我批评，就是必然的了。

在教条主义统治时期，同它合作并成为它的助手的经验主义的思想，也是主观主义和形式主义的一种表现形式。经验主义同教条主义的区别，是在于它不是从书本出发，而是从狭隘的经验出发。应当着重地指出：最广大的有实际工作经验的同志，他们的一切有益的经验，是极可宝贵的财产。科学地把这些经验总结起来，作为以后行动中的指导，这完全不是经验主义，而是马克思列宁主义；正像把马克思列宁主义的原理原则当做革命行动的指南，而不把它们当做教条，就完全不是教条主义，而是马克思列宁主义一样。但是，在一切有实际工作经验的同志中，如果有一些人满足于甚至仅仅满足于他们的局部经验，把它们当做到处可以使用的教条，不懂得而且不愿意承认“没有革命的理论，就不会有革命的运动”和“为着领导，必须预见”的真理，因而轻视从世界革命经验总结出来的马克思列宁主义的学习，并醉心于狭隘的无原则的所谓实际主义和无头脑无前途的事务主义，却坐在指挥台上，盲目地称英雄，摆老资格，不肯倾听同志们的批评和发展自我批评，这样，他们就成为经验主义者了。因此，经验主义和教条主义的出发点虽然不同，但是在思想方法的本质上，两者却是一致的。他们都是把马克思列宁主义的普遍真理和中国革命的具体实践分割开来；他们都违背辩证唯物论和历史唯物论，把片面的相对的真理夸大为普遍的绝对的真理；他们的思想都不符合于客观的全面的实际情况。因此，他们对于中国社会和中国革命，就有了许多共同的错误的认识（如错误的城市中心观点，白区工作中心观点，脱离实际情况的“正规”战观点等）。这就是这两部分同志能够互相合作的思想根源。虽然因为经验主义者的经验是局部的、狭隘的，他们中的多数对于全面性的问题往往缺乏独立的明确的完整的意见，因此，他们在和教条主义者相结合时，一般地是作为后者的附庸而出现；但是党的历史证明，教条主义者缺乏经验主义者的合作就不易“流毒全党”，而在教条主义被战胜以后，经验主义更成为党内的马克思列宁主义发展的主要障碍。因此，我们不但要克服主观主义的教条主义，而且也要克服主观主义的经验主义。必须彻底克服教条主义和经验主义的思想，马克思列宁主义的思想、路线和作风，才能普及和深入全党。

以上所述政治、军事、组织和思想四方面的错误，实为各次尤其是第三次“左”倾路线的基本错误。而一切政治上、军事上和组织上的错误，都是从思想上违背马克思列宁主义的辩证唯物论和历史唯物论而来，都是从主观主义和形式主义、教条主义和经验主义而来。

扩大的六届七中全会指出：我们在否定各次“左”倾路线的错误时，同时要牢记和实行毛泽东同志“对于任何问题应取分析态度,不要否定一切”的指示。应当指出:犯了这些错误的同志们的观点中,并不是一切都错了,他们在反帝反封建、土地革命、反蒋战争等问题上的若干观点,同主张正确路线的同志们仍然是一致的。还应指出,第三次“左”倾路线统治时间特别长久,所给党和革命的损失特别重大,但是这个时期的党,因为有广大的干部、党员群众和广大的军民群众在一起,进行了积极的工作和英勇的斗争,因而在许多地区和许多部门的实际工作中,仍然获得了很大的成绩(例如在战争中,在军事建设中,在战争动员中,在政权建设中,在白区工作中)。正是由于这种成绩,才能够支持反对敌人进攻的战争至数年之久,给了敌人以重大的打击;仅因错误路线的统治,这些成绩才终于受到了破坏。在各次错误路线统治时期,和党的任何其他历史时期一样,一切为人民利益而壮烈地牺牲了的党内党外的领袖、领导者、干部、党员和人民群众,都将永远被党和人民所崇敬。

(五)

“左”倾路线的上述四方面错误的产生,不是偶然的,它有很深的社会根源。

如同毛泽东同志所代表的正确路线反映了中国无产

阶级先进分子的思想一样,“左”倾路线则反映了中国小资产阶级民主派的思想。半殖民地半封建的中国,是小资产阶级极其广大的国家。我们党不但从党外说是处在这个广大阶层的包围之中;而且在党内,由于十月革命以来马克思列宁主义在世界的伟大胜利,由于中国现时的社会政治情况,特别是国共两党的历史发展,决定了中国不能有强大的小资产阶级政党,因此就有大批的小资产阶级革命民主分子向无产阶级队伍寻求出路,使党内小资产阶级出身的分子也占了大多数。此外,即使工人群众和工人党员,在中国的经济条件下,也容易染有小资产阶级的色彩。因此,小资产阶级思想在我们党内常常有各色各样的反映,这是必然的,不足为怪的。

党外的小资产阶级群众,除了农民是中国资产阶级民主革命的主要力量以外,城市小资产阶级大多数群众在中国也受着重重压迫,经常迅速大量地陷于贫困破产和失业的境地,其经济和政治的民主要求十分迫切,所以在现阶段的革命中,城市小资产阶级也是革命动力之一。但是小资产阶级由于是一个过渡的阶级,它是有两面性的:就其好的、革命的一面说来,是其大多数群众在政治上、组织上以至思想上能够接受无产阶级的影响,在目前要求民主革命,并能为此而团结奋斗,在将来也可能和无产阶级共同走向社会主义;而就其坏的、落后的一面说来,则不但有其各种区别于无产阶级的弱点,而且在失去无产阶级的领导时,还往往转而接受自由资产阶级以至大资产阶级的影响,成为他们的俘虏。因此,在现阶段上,无产阶级及其先进部队——中国共产党,对于党外的小资产阶级群众,应该在坚决地广泛地联合他们的基础上,一方面给以宽大的待遇,在不妨碍对敌斗争和共同的社会生活的条件下,容许其自由主义的思想和作风的存在;另一方面则给以适当的教育,以便巩固同他们的联合。

至于由小资产阶级出身而自愿抛弃其原有立场、加入无产阶级政党的分子,则是完全另一种情形。党对于他们,和对于党外的小资产阶级群众,应该采取原则上不同的政策。由于他们本来和无产阶级相接近,又自愿地加入无产阶级政党,在党的马克思列宁主义教育和群众革命斗争的实际锻炼中,他们是可以逐渐在思想上无产阶级化,并给无产阶级队伍以重大利益的;而且在事实上,加入我党的小资产阶级出身的分子之绝大多数,也都为党和人民作了勇敢的奋斗和牺牲,他们的思想已经进步,很多人并已成为马克思列宁主义者了。但是,必须着重指出:任何没有无产阶级化的小资产阶级分子的革命性,在本质上和无产阶级革命性不相同,而且这种差别往往可能发展成为对抗状态。带着小资产阶级革命性的党员,虽然在组织上入了党,但是在思想上却还没有入党,或没有完全入党,他们往往是以马克思列宁主义者的面貌出现的自由主义者、改良主义者、无政府主义者、布朗基主义者等等;在这种情况下,他们不但不能引导中国将来的共产主义运动达到胜利,而且也不能引导中国今天的新民主主义运动达到胜利。如果无产阶级先进分子不以马克思列宁主义的思想和这些小资产阶级出身的党员的旧有思想坚决地分清界限,严肃地、但是恰当地和耐心地进行教育和斗争,则他们的小资产阶级思想不但不能克服,而且必然力图以他们自己的本来面貌来代替党的无产阶级先进部队的面貌,实行篡党,使党和人民的事业蒙受损失。党外的小资产阶级愈是广大,党内的小资产阶级出身的党员愈是众多,则党便愈须严格地保持自己的无产阶级先进部队的纯洁性,否则小资产阶级思想向党的进攻必然愈是猛烈,而党所受的损失也必然愈是巨大。我党历史上各次错误路线和正确路线之间的斗争,实质上即是党外的阶级斗争在党内的表演;而上述“左”倾路线在政治上、军事上、组织上和思想上的错误,也即是这种小资产阶级思想在党内的反映。在这个问题上,可以从三个方面来加以分析:

首先,在思想方法方面。小资产阶级的思想方法,基本上表现为观察问题时的主观性和片面性,即不从阶级力量对比之客观的全面的情况出发,而把自己主观的愿望、感想和空谈当做实际,把片面当成全面,局部当成全体,树木当做森林。脱离实际生产过程的小资产阶级知识分子，因为只有书本知识而缺乏感性知识，他们的思想方法就比较容易表现为我们前面所说的教条主义。联系生产的小资产阶级分子虽具有一定的感性知识，但是受着小生产的狭隘性、散漫性、孤立性和保守性的限制，他们的思想方法就比较容易表现为我们前面所说的经验主义。

第二，在政治倾向方面。小资产阶级的政治倾向，因为他们的生活方式和由此而来的思想方法上的主观性片面性，一般地容易表现为左右摇摆。小资产阶级革命家的许多代表人物希望革命马上胜利，以求根本改变他们今天所处的地位；因而他们对于革命的长期努力缺乏忍耐心，他们对于“左”的革命词句和口号有很大的兴趣，他们容易发生关门主义和冒险主义的情绪和行动。小资产阶级的这种倾向，在党内反映出来，就构成了我们前面所说的“左”倾路线在革命任务问题、革命根据地问题、策略指导问题和军事路线问题上的各种错误。

但是，这些小资产阶级革命家在另外一种情况下，或是另一部分小资产阶级革命家，也可以表现悲观失望，表现追随于资产阶级之后的右倾情绪和右倾观点。一九二四年至一九二七年革命后期的陈独秀主义，土地革命后期的张国焘主义和长征初期的逃跑主义，都是小资产阶级这种右倾思想在党内的反映。抗日时期，又曾发生过投降主义的思想。一般地说，在资产阶级和无产阶级分裂的时期，比较容易发生“左”倾错误（例如土地革命时期“左”倾路线统治党的领导机关至三次之多），而在资产阶级和无产阶级联合的时期，则比较容易发生右倾错误（例如一九二四年至一九二七年革命后期和抗日战争初期）。而无论是“左”倾或右倾，都是不利于革命而仅仅利于反革命的。由于各种情况的变化而产生的左右摇摆、好走极端、华而不实、投机取巧，是小资产阶级思想在坏的一面的特点。这是小资产阶级在经济上所处的不稳定地位在思想上的反映。

第三，在组织生活方面。由于一般小资产阶级的生活方式和思想方法的限制，特别由于中国的落后的分散的宗法社会和帮口行会的社会环境，小资产阶级在组织生活上的倾向，容易表现为脱离群众的个人主义和宗派主义。这种倾向反映到党内，就造成我们前面所说的“左”倾路线的错误的组织路线。党长期地处在分散的乡村游击战争中的情况，更有利于这种倾向的发展。这种倾向，不是自我牺牲地为党和人民工作，而是利用党和人民的力量并破坏党和人民的利益来达到个人和宗派的目的，因此它是同党的联系群众的原则、党的民主集中制和党的纪律不相容的。这种倾向，常常采取各种各样的形式，如官僚主义、家长制度、惩办主义、命令主义、个人英雄主义、半无政府主义、自由主义、极端民主主义、闹独立性、行会主义、山头主义、同乡同学观念、派别纠纷、耍流氓手腕等，破坏着党同人民群众的联系和党内的团结。

这些就是小资产阶级思想的三个方面。我们党内历次发生的思想上的主观主义，政治上的“左”、右倾，组织上的宗派主义等项现象，无论其是否形成了路线，掌握了领导，显然都是小资产阶级思想之反马克思列宁主义、反无产阶级的表现。为了党和人民的利益，采取教育方法，将党内的小资产阶级思想加以分析和克服，促进其无产阶级化，是完全必要的。

（六）

由上所述，可见各次尤其是第三次统治全党的“左”倾路线，不是偶然的产物，而是一定的社会历史条件的产物。因此，要克服错误的“左”倾思想或右倾思想，既不能草率从事，也不能操切从事，而必须深入马克思列宁主义的教育，提高全党对于无产阶级思想和小资产阶级思想的鉴别能力，并在党内发扬民主，展开批评和自我批评，进行耐心说服和教育的工作，具体地分析错误的内容及其危害，说明错误之历史的和思想的根源及其改正的办法。这是马克思列宁主义者克服党内错误的应有态度。扩大的六届七中全会指出：毛泽东同志在这次全党整风和党史学习中所采取的方针，即“惩前毖后，治病救人”，“既要弄清思想又要团结同志”的方针，是马克思列宁主义者克服党内错误的正确态度的模范，因而取得了在思想上、政治上和组织上提高并团结全党的伟大成就。

扩大的六届七中全会指出：在党的历史上，曾经有过反对陈独秀主义和李立三主义的斗争，这些斗争，是完全必要的。这些斗争的缺点，是没有自觉地作为改造在党内严重存在着的小资产阶级思想的严重步骤，因而没有在思想上彻底弄清错误的实质及其根源，也没有恰当地指出改正的方法，以致易于重犯错误；同时，又太着重了个人的责任，以为对于犯错误的人们一经给以简单的打击，问题就解决了。党在检讨了六届四中全会以来的错误以后，认为今后进行一切党内思想斗争时，应该避免这种缺点，而坚决执行毛泽东同志的方针。任何过去犯过错误的同志，只要他已经了解和开始改正自己的错误，就应该不存成见地欢迎他，团结他为党工作。即使还没有很好地了解和改正错误，但已不坚持错误的同志，也应该以恳切的同志的态度，帮助他去了解和改正错误。现在全党对于过去错误路线的认识，已经一致了，全党已经在以毛泽东同志为首的中央周围团结起来了。因此，全党今后的任务，就是在弄清思想、坚持原则的基础上加强团结，正像本决议的第二节上所说的:“团结全党同志如同一个和睦的家庭一样,如同一块坚固的钢铁一样,为着获得抗日战争的彻底胜利和中国人民的完全解放而奋斗”。我们党关于党内历史问题的一切分析、批判、争论,是应该从团结出发,而又达到团结的,如果违背了这个原则,那就是不正确的。但是鉴于党内小资产阶级思想的社会根源的存在以及党所处的长期分散的农村游击战争的环境,又鉴于教条主义和经验主义的思想残余还是存在着,尤其是对于经验主义还缺乏足够的批判,又鉴于党内严重的宗派主义虽然基本上已经被克服,而具有宗派主义倾向的山头主义则仍然相当普遍地存在着等项事实,全党应该警觉:要使党内思想完全统一于马克思列宁主义,还需要一个长时期的继续克服错误思想的斗争过程。因此,扩大的六届七中全会决定:全党必须加强马克思列宁主义的思想教育,并着重联系中国革命的实践,以达到进一步地养成正确的党风,彻底地克服教条主义、经验主义、宗派主义、山头主义等项倾向之目的。

(七)

扩大的六届七中全会着重指出:二十四年来中国革命的实践证明了,并且还在证明着,毛泽东同志所代表的我们党和全国广大人民的奋斗方向是完全正确的。今天我党在抗日战争中所已经取得的伟大胜利及其所起的决定作用，就是这条正确路线的生动的证明。党在个别时期中所犯的“左”、右倾错误，对于二十四年来在我党领导之下的轰轰烈烈地发展着的、取得了伟大成绩和丰富经验的整个中国革命事业说来，不过是一些部分的现象。这些现象，在党还缺乏充分经验和充分自觉的时期内，是难于完全避免的；而且党正是在克服这些错误的斗争过程中而更加坚强起来，到了今天，全党已经空前一致地认识了毛泽东同志的路线的正确性，空前自觉地团结在毛泽东的旗帜下了。以毛泽东同志为代表的马克思列宁主义的思想更普遍地更深入地掌握干部、党员和人民群众的结果，必将给党和中国革命带来伟大的进步和不可战胜的力量。

扩大的六届七中全会坚决相信：有了北伐战争、土地革命战争和抗日战争这样三次革命斗争的丰富经验的中国共产党，在以毛泽东同志为首的中央的正确领导之下，必将使中国革命达到彻底的胜利。

关于建国以来党的若干历史问题的决议

（一九八一年六月二十七日中国共产党第十一届中央委员会第六次全体会议一致通过）

建国以前二十八年历史的回顾

（1）中国共产党自从一九二一年成立以来，已经走过六十年的光辉战斗历程。为了总结党在建国以来三十二年的经验，有必要简略地回顾一下建国以前二十八年党领导人民进行的新民主主义革命斗争。

（2）中国共产党是马克思列宁主义同中国工人运动相结合的产物，是在俄国十月革命和我国五四运动的影响下，在列宁领导的共产国际帮助下诞生的。伟大的革命先行者孙中山先生一九一一年领导的辛亥革命，推翻了清王朝，结束了两千多年的封建帝制。但是，中国社会的半殖民地、半封建性质并没有改变。无论是当时的国民党，还是其他资产阶级和小资产阶级政治派别，都没有也不可能找到国家和民族的出路。只有中国共产党才给人民指出了中国的出路在于彻底推翻帝国主义、封建主义的反动统治，并进而转入社会主义。中国共产党成立时只有五十多个党员。党发动了轰轰烈烈的工人运动和广大人民群众的反帝反封建斗争，很快发展成为中国人民前所未有的领导力量。

(3)中国共产党在领导中国各族人民为新民主主义而斗争的过程中，经历了国共合作的北伐战争，土地革命战争，抗日战争和全国解放战争这四个阶段，其间经受了一九二七年和一九三四年两次严重失败的痛苦考验。经过长期武装斗争和各个方面、各种形式斗争的密切配合，终于在一九四九年取得了革命的胜利。

一九二七年，蒋介石和汪精卫控制的国民党，不顾以宋庆龄为杰出代表的国民党左派的坚决反对，背叛了孙中山所决定的国共合作政策和反帝反封建政策，勾结帝国主义，残酷屠杀共产党人和革命人民。党当时还比较幼稚，又处在陈独秀右倾投降主义的领导下，致使革命在强大敌人的突然袭击下遭到惨重失败，已经发展到六万多党员的党只剩下了一万多党员。

党仍然顽强地继续战斗。周恩来等同志领导的南昌起义打响了武装反抗国民党反动派的第一枪。党的“八七会议”确定了实行土地革命和武装起义的方针，会后举行了秋收起义、广州起义和其他许多地区的起义。毛泽东同志领导的湖南江西边界地区的秋收起义，创建了工农革命军第一师，在井冈山建立了第一个农村革命根据地。朱德同志领导的起义部队不久就到井冈山会师。随着斗争的发展，党创建了江西中央革命根据地和湘鄂西、海陆丰、鄂豫皖、琼崖、闽浙赣、湘鄂赣、湘赣、左右江、川陕、陕甘、湘鄂川黔等根据地，建立了工农红军第一、第二、第四方面军和其他许多红军部队。在国民党统治下的白区，也在艰苦的条件下，发展了党和其他革命组织，展开了群众革命斗争。在土地革命战争中，毛泽东、朱德同志直接领导的红军第一方面军和中央革命根据地起了最重要的作用。红军各个方面军曾连续击败国民党军队的多次“围剿”。由于王明“左”倾冒险主义领导造成的第五次反“围剿”的失败，第一方面军不得不进行二万五千里长征而转战到陕北，同在那里坚持斗争的陕北红军和先期到达的红二十五军相会合。第二、第四方面军也先后经过长征转战到陕北。红军主力撤离后的一些南方根据地，坚持了艰苦的游击战争。王明“左”倾错误造成的失败使革命根据地和白区的革命力量都受到极大损失，红军从三十万人减到三万人左右，共产党员从三十万人减到四万人左右。

一九三五年一月党中央政治局在长征途中举行的遵

义会议,确立了毛泽东同志在红军和党中央的领导地位,使红军和党中央得以在极其危急的情况下保存下来,并且在这以后能够战胜张国焘的分裂主义,胜利地完成长征,打开中国革命的新局面。这在党的历史上是一个生死攸关的转折点。

在日本帝国主义加紧对我国的侵略、民族危机空前严重的关头,以毛泽东同志为首的党中央决定和实行了正确的抗日民族统一战线政策。党领导了"一二·九"学生运动,掀起了要求停止内战、抗日救亡的强大群众斗争。张学良、杨虎城两将军发动的西安事变以及我们党促成的这次事变的和平解决,对推动国共再次合作、团结抗日,起了重大的历史作用。抗战期间,国民党统治集团继续反共反人民,消极抗战,因而在抗日的正面战场上节节败退。我们党坚持统一战线中独立自主的政策,紧密地依靠广大人民群众,开展敌后游击战争,建立了许多抗日根据地。由红军改编的八路军、新四军迅速地发展成为抗战的中坚力量。东北抗日联军在十分困难的情况下坚持战斗。在敌占区和国民党统治区,广泛开展了各种形式的抗日斗争。这样,中国人民的抗日战争才能够坚持八年之久,并同苏联和其他国家人民的反法西斯战争互相支援,直到取得最后胜利。

抗日战争期间,我们党从一九四二年开始在全党进行整风，这场马克思主义的思想教育运动收到了巨大的成效。在此基础上，一九四五年党的六届七中全会作出了《关于若干历史问题的决议》，接着举行了党的第七次全国代表大会，总结了历史的经验，为建立新民主主义的新中国，制定了正确的路线、方针和政策，使全党在思想上、政治上、组织上达到空前的统一和团结。抗日战争结束后，蒋介石政府依赖美国帝国主义的援助，拒绝我们党和全国人民关于实现和平民主的正义要求，悍然发动全面内战。党在全国各解放区人民的全力支持下，在国民党统治区学生运动、工人运动和各阶层人民斗争的有力配合下，在各民主党派和无党派民主人士的积极合作下，领导人民解放军进行了三年多的解放战争，经过辽沈、平津、淮海三大战役和渡江作战，消灭了蒋介石的八百万军队，推翻了国民党反动政府，建立了伟大的中华人民共和国。从此，中国人民站起来了。

（4）二十八年斗争的胜利充分说明：

一、中国革命的胜利，是在马克思列宁主义的指导下取得的。我们党创造性地运用马克思列宁主义的基本原理，把它同中国革命的具体实践结合起来，形成了伟大的毛泽东思想，找到了夺取中国革命胜利的正确道路。这对于马克思列宁主义的发展是一个重大的贡献。

二、中国共产党是无产阶级的先锋队，是全心全意为人民服务的不谋任何私利的政党，是敢于并善于领导人民百折不挠地向敌人作斗争的政党。中国各民族人民从亲身经历中看到了这个事实，从而在党的周围结成广泛的统一战线，实现了我国历史上空前强大的政治团结。

三、中国革命的胜利，主要是依靠我们党所领导的完全新型的与人民血肉相连的人民军队，通过长期人民战争战胜强大敌人取得的。没有这样一支人民的军队，就不可能有人民的解放和国家的独立。

四、中国革命在各个阶段都曾得到各国革命力量的援助，这是中国人民永远不会忘记的。但是中国革命的胜利，从根本上说是中国共产党坚持独立自主、自力更生的原则，依靠中国各族人民自身的力量，经历千辛万苦，战胜许多艰难险阻才取得的。

五、中国革命的胜利，在我国结束了极少数剥削者统治广大劳动人民的历史，结束了帝国主义、殖民主义奴役中国各族人民的历史。劳动人民成了新国家新社会的主人。人民革命在一个人口占全人类近四分之一的大国的胜利，改变了世界政治力量的对比，也激励了许多类似中国这样受帝国主义、殖民主义剥削压迫的国家的人民，增强了他们前进的信心。中国革命的胜利是第二次世界大战以后最重大的政治事件，对国际局势和世界人民斗争的发展具有深刻的久远的影响。

(5)新民主主义革命的胜利是无数先烈和全党同志、全国各族人民长期牺牲奋斗的结果。我们不应该把一切功劳归于革命的领袖们,但也不应该低估领袖们的重要作用。在党的许多杰出领袖中,毛泽东同志居于首要地位。早在一九二七年革命失败以前,毛泽东同志就已经明确指出无产阶级领导农民斗争的极端重要性以及在这个问题上的右倾危险。革命失败后,他是成功地把党的工作重点由城市转入农村,在农村保存、恢复和发展革命力量的主要代表。在一九二七年至一九四九年的二十二年中,毛泽东同志和党的其他领导人一道,克服重重困难,逐步制定和领导执行了使革命由惨重失败转为伟大胜利的总的战略和各项政策。如果没有毛泽东同志多次从危机中挽救中国革命,如果没有以他为首的党中央给全党、全国各族人民和人民军队指明坚定正确的政治方向,我们党和人民可能还要在黑暗中摸索更长时间。同中国共产党被公认为全国各族人民的领导核心一样,毛泽东同志被公认为中国共产党和中国各族人民的伟大领袖,在党和人民集体奋斗中产生的毛泽东思想被公认为党的指导思想,这是中华人民共和国建国以前二十八年历史发展的必然结果。

建国三十二年历史的基本估计

(6)中国共产党在中华人民共和国成立以后的历史，总的说来，是我们党在马克思列宁主义、毛泽东思想指导下，领导全国各族人民进行社会主义革命和社会主义建设并取得巨大成就的历史。社会主义制度的建立，是我国历史上最深刻最伟大的社会变革，是我国今后一切进步和发展的基础。

(7)建国三十二年来，我们取得的主要成就是：

一、建立和巩固了工人阶级领导的、以工农联盟为基础的人民民主专政即无产阶级专政的国家政权。它是中国历史上从来没有过的人民当家作主的新型政权，是建设社会主义的富强民主文明的现代化国家的根本保证。

二、实现和巩固了全国范围(除台湾等岛屿以外)的国家统一，根本改变了旧中国四分五裂的局面。实现和巩固了全国各族人民的大团结，形成和发展了五十多个民族平等互助的社会主义民族关系。实现和巩固了全国工人、农民、知识分子和其他各阶层人民的大团结，加强和扩大了中国共产党领导的，同各爱国民主党派、人民团体通力合作的，由全体社会主义劳动者、拥护社会主义的爱国者和拥护祖国统一的爱国者组成的，包括台湾同胞、港澳同胞和国外华侨在内的广泛统一战线。

三、战胜了帝国主义、霸权主义的侵略、破坏和武装挑衅，维护了国家的安全和独立，胜利地进行了保卫祖国边疆的斗争。

四、建立和发展了社会主义经济，基本上完成了对生产资料私有制的社会主义改造，基本上实现了生产资料公有制和按劳分配。剥削制度消灭了，剥削阶级作为阶级已经不再存在，他们中的绝大多数人已经改造成为自食其力的劳动者。

五、在工业建设中取得重大成就，逐步建立了独立的比较完整的工业体系和国民经济体系。一九八○年同完成经济恢复的一九五二年相比，全国工业固定资产按原价计算，增长二十六倍多，达到四千一百多亿元；棉纱产量增长三点五倍，达到二百九十三万吨；原煤产量增长八点四倍，达到六亿二千万吨；发电量增长四十倍，达到三千多亿度；原油产量达到一亿零五百多万吨；钢产量达到三千七百多万吨；机械工业产值增长五十三倍，达到一千二百七十多亿元。在辽阔的内地和少数民族地区，兴建了一批新的工业基地。国防工业从无到有地逐步建设起来。资源勘探工作成绩很大。铁路、公路、水运、空运和邮电事业，都有很大的发展。

六、农业生产条件发生显著改变，生产水平有了很大提高。全国灌溉面积已由一九五二年的三亿亩扩大到现在的六亿七千多万亩,长江、黄河、淮河、海河、珠江、辽河、松花江等大江河的一般洪水灾害得到初步控制。解放前我国农村几乎没有农业机械、化肥和电力,现在农用拖拉机、排灌机械和化肥施用量都大大增加,用电量等于解放初全国发电量的七点五倍。一九八○年同一九五二年相比,全国粮食增长近一倍,棉花增长一倍多。尽管人口增长过快,现在已近十亿,我们仍然依靠自己的力量基本上保证了人民吃饭穿衣的需要。

七、城乡商业和对外贸易都有很大增长。一九八○年与一九五二年相比,全民所有制商业收购商品总额由一百七十五亿元增加到二千二百六十三亿元,增长十一点九倍;社会商品零售总额由二百七十七亿元增加到二千一百四十亿元,增长六点七倍。国家进出口贸易的总额,一九八○年比一九五二年增长七点七倍。随着工业、农业和商业的发展,人民生活比解放前有了很大的改善。一九八○年,全国城乡平均每人的消费水平,扣除物价因素,比一九五二年提高近一倍。

八、教育、科学、文化、卫生、体育事业有很大发展。一九八○年,全国各类全日制学校在校学生二亿零四百万人,比一九五二年增长二点七倍。三十二年来,高等学校和中等专业学校培养出近九百万专门人才。核技术、人造卫星和运载火箭等方面的成就，表现出我国的科学技术水平有很大的提高。文艺方面创作了一大批为人民服务、为社会主义服务的优秀作品。群众性体育事业蓬勃发展，不少运动项目取得出色的成绩。烈性传染病被消灭或基本消灭，城乡人民的健康水平大大提高，平均寿命大大延长。

九、人民解放军在新的历史条件下得到壮大和提高，由单一的陆军发展成为包括海军、空军和其他技术兵种在内的合成军队。野战军、地方军和民兵三结合的武装力量得到了加强，部队的素质和技术装备有了很大的提高和改进。在保卫和参加社会主义革命和社会主义建设中，人民解放军发挥了人民民主专政的坚强柱石作用。

十、在国际上，始终不渝地奉行社会主义的独立自主的外交方针，倡导和坚持了和平共处五项原则，同全世界一百二十四个国家建立了外交关系，同更多的国家和地区发展了经济、贸易和文化往来。我国在联合国和安理会的席位得到恢复。我们坚持无产阶级国际主义，发展同各国人民的友谊，支持和援助被压迫民族的解放事业、新独立国家的建设事业和各国人民的正义斗争，坚决反对帝国主义、霸权主义、殖民主义和种族主义，维护世界和平，在国际事务中发挥着越来越重大的积极作用。这一切为我国的社会主义建设创造了有利的国际条件，促进了国际形势朝着有利于世界人民的方向发展。

(8)新中国建立的时间不长,我们取得的成就只是初步的。由于我们党领导社会主义事业的经验不多,党的领导对形势的分析和对国情的认识有主观主义的偏差,“文化大革命”前就有过把阶级斗争扩大化和在经济建设上急躁冒进的错误。后来,又发生了“文化大革命”这样全局性的、长时间的严重错误。这就使得我们没有取得本来应该取得的更大成就。忽视错误、掩盖错误是不允许的,这本身就是错误,而且将招致更多更大的错误。但是,三十二年来我们取得的成就还是主要的,忽视或否认我们的成就,忽视或否认取得这些成就的成功经验,同样是严重的错误。我们的成就和成功经验是党和人民创造性地运用马克思列宁主义的结果,是社会主义制度优越性的表现,是全党和全国各族人民继续前进的基础。“坚持真理,修正错误”,这是我们党必须采取的辩证唯物主义的根本立场。过去采取这个立场,曾使我们的事业转危为安、转败为胜。今后继续采取这个立场,必将引导我们取得更大的胜利。

基本完成社会主义改造的七年

(9)从一九四九年十月中华人民共和国成立到一九五六年,我们党领导全国各族人民有步骤地实现从新民主主义到社会主义的转变,迅速恢复了国民经济并开展了有计划的经济建设,在全国绝大部分地区基本上完成了对生产资料私有制的社会主义改造。在这个历史阶段中,党确定的指导方针和基本政策是正确的,取得的胜利是辉煌的。

(10)建国后的头三年,我们肃清了国民党反动派在大陆的残余武装力量和土匪,实现了西藏的和平解放,建立了各地各级的人民政府,没收了官僚资本企业并把它们改造成为社会主义国营企业,统一了全国财政经济工作,稳定了物价,完成了新解放区土地制度的改革,镇压了反革命,开展了反贪污、反浪费、反官僚主义的“三反”运动,开展了打退资产阶级进攻的反行贿、反偷税漏税、反盗骗国家财产、反偷工减料、反盗窃国家经济情报的“五反”运动。对旧中国的教育科学文化事业,进行了很有成效的改造。在胜利完成繁重的社会改革任务和进行伟大的抗美援朝、保家卫国战争的同时,我们迅速恢复了在旧中国遭到严重破坏的国民经济,全国工农业生产一九五二年底已经达到历史的最高水平。

(11)一九五二年,党中央按照毛泽东同志的建议,提出了过渡时期的总路线:要在一个相当长的时期内,逐步实现国家的社会主义工业化,并逐步实现国家对农业、对手工业和对资本主义工商业的社会主义改造。这个总路线反映了历史的必然性。

一、国家的社会主义工业化,是国家独立和富强的当然要求和必要条件。

二、新民主主义革命在全国胜利和土地制度改革在全国完成以后,国内的主要矛盾已经转为工人阶级和资产阶级之间、社会主义道路和资本主义道路之间的矛盾。国家需要有利于国计民生的资本主义工商业有一定的发展,但资本主义工商业的发展也必然出现不利于国计民生的一面,这就不能不发生限制和反限制的斗争。在资本主义企业和国家的各项经济政策之间,在它们和社会主义国营经济之间,在它们和本企业职工、全国各族人民之间,利益冲突越来越明显。打击投机倒把、调整和改组工商业、进行“五反”运动、工人监督生产、粮棉统购统销等一系列必要的措施和步骤,必然地把原来落后、混乱、畸形发展、唯利是图的资本主义工商业逐步引上社会主义改造的道路。

三、我国个体农民,特别是在土地改革中新获得土地而缺少其他生产资料的贫农下中农,为了避免重新借高利贷甚至典让和出卖土地,产生两极分化,为了发展生产,兴修水利,抗御自然灾害,采用农业机械和其他新技术,确有走互助合作道路的要求。随着工业化的发展,一方面对农产品的需要日益增大,一方面对农业技术改造的支援日益增强,这也是促进个体农业向合作化方向发展的一个动力。

历史证明,党提出的过渡时期总路线是完全正确的。

(12)在过渡时期中,我们党创造性地开辟了一条适合中国特点的社会主义改造的道路。对资本主义工商业,我们创造了委托加工、计划订货、统购包销、委托经销代销、公私合营、全行业公私合营等一系列从低级到高级的国家资本主义的过渡形式,最后实现了马克思和列宁曾经设想过的对资产阶级的和平赎买。对个体农业,我们遵循自愿互利、典型示范和国家帮助的原则,创造了从临时互助组和常年互助组,发展到半社会主义性质的初级农业生产合作社,再发展到社会主义性质的高级农业生产合作社的过渡形式。对于个体手工业的改造,也采取了类似的方法。在改造过程中,国家资本主义经济和合作经济表现了明显的优越性。到一九五六年,全国绝大部分地区基本上完成了对生产资料私有制的社会主义改造。这项工作中也有缺点和偏差。在一九五五年夏季以后,农业合作化以及对手工业和个体商业的改造要求过急,工作过粗,改变过快,形式也过于简单划一,以致在长期间遗留了一些问题。一九五六年资本主义工商业改造基本完成以后,对于一部分原工商业者的使用和处理也不很适当。但整个来说,在一个几亿人口的大国中比较顺利地实现了如此复杂、困难和深刻的社会变革,促进了工农业和整个国民经济的发展,这的确是伟大的历史性胜利。

(13)我国第一个五年计划的经济建设,依靠我们自己的努力，加上苏联和其他友好国家的支援，同样取得了重大的成就。一批为国家工业化所必需而过去又非常薄弱的基础工业建立了起来。从一九五三年到一九五六年，全国工业总产值平均每年递增百分之十九点六，农业总产值平均每年递增百分之四点八。经济发展比较快，经济效果比较好，重要经济部门之间的比例比较协调。市场繁荣，物价稳定。人民生活显著改善。一九五六年四月，毛泽东同志发表《论十大关系》的讲话，初步总结了我国社会主义建设的经验，提出了探索适合我国国情的社会主义建设道路的任务。

（14）一九五四年九月召开了第一次全国人民代表大会，制定了中华人民共和国宪法。一九五五年三月召开的党的全国代表会议，总结了反对野心家高岗、饶漱石阴谋分裂党、篡夺党和国家最高权力的重大斗争，增强了党的团结。一九五六年一月党中央召开的知识分子问题会议和随后提出的“百花齐放、百家争鸣”方针，规定了对知识分子和教育科学文化工作的正确政策，促进了这方面事业的繁荣。由于党的正确政策、优良作风和崇高威信深入人心，广大干部、群众、青年和知识分子自觉学习马克思列宁主义、毛泽东思想，在党的领导下积极参加各项革命和建设工作，在全国形成了革命的、健康的、朝气蓬勃的社会道德风尚。

（15）一九五六年九月党的第八次全国代表大会开得很成功。大会指出：社会主义制度在我国已经基本上建立起来；我们还必须为解放台湾、为彻底完成社会主义改造、最后消灭剥削制度和继续肃清反革命残余势力而斗争，但是国内主要矛盾已经不再是工人阶级和资产阶级的矛盾，而是人民对于经济文化迅速发展的需要同当前经济文化不能满足人民需要的状况之间的矛盾；全国人民的主要任务是集中力量发展社会生产力，实现国家工业化，逐步满足人民日益增长的物质和文化需要；虽然还有阶级斗争，还要加强人民民主专政，但其根本任务已经是在新的生产关系下面保护和发展生产力。大会坚持了一九五六年五月党中央提出的既反保守又反冒进即在综合平衡中稳步前进的经济建设方针。大会着重提出了执政党的建设问题，强调要坚持民主集中制和集体领导制度，反对个人崇拜，发展党内民主和人民民主，加强党和群众的联系。“八大”的路线是正确的，它为新时期社会主义事业的发展和党的建设指明了方向。

开始全面建设社会主义的十年

（16）社会主义改造基本完成以后，我们党领导全国各族人民开始转入全面的大规模的社会主义建设。直到“文化大革命”前夕的十年中,我们虽然遭到过严重挫折,仍然取得了很大的成就。以一九六六年同一九五六年相比,全国工业固定资产按原价计算,增长了三倍。棉纱、原煤、发电量、原油、钢和机械设备等主要工业产品的产量,都有巨大的增长。从一九六五年起实现了石油全部自给。电子工业、石油化工等一批新兴的工业部门建设了起来。工业布局有了改善。农业的基本建设和技术改造开始大规模地展开,并逐渐收到成效。全国农业用拖拉机和化肥施用量都增长六倍以上,农村用电量增长七十倍。高等学校的毕业生为前七年的四点九倍。经过整顿,教育质量得到显著提高。科学技术工作也有比较突出的成果。

党在这十年中积累了领导社会主义建设的重要经验。毛泽东同志在一九五七年春提出必须正确区分和处理社会主义社会两类不同性质的社会矛盾,把正确处理人民内部矛盾作为国家政治生活的主题。接着,他提出要“造成一个又有集中又有民主,又有纪律又有自由,又有统一意志、又有个人心情舒畅、生动活泼,那样一种政治局面”的要求。一九五八年,他又提出要把党和国家的工作重点转到技术革命和社会主义建设上来。这些都是“八大”路线的继续发展,具有长远的指导意义。毛泽东同志在领导纠正“大跃进”和人民公社化运动中的错误时提出了不能剥夺农民,不能超越阶段,反对平均主义,强调发展商品生产、遵守价值规律和做好综合平衡，主张以农轻重为序安排国民经济计划等观点；刘少奇同志提出了许多生产资料可以作为商品进行流通和社会主义社会要有两种劳动制度、两种教育制度的观点；周恩来同志提出了我国知识分子绝大多数已经是劳动人民的知识分子，科学技术在我国现代化建设中具有关键性作用等观点；陈云同志提出了计划指标必须切合实际，建设规模必须同国力相适应，人民生活和国家建设必须兼顾，制定计划必须做好物资、财政、信贷平衡等观点；邓小平同志提出了关于整顿工业企业，改善和加强企业管理，实行职工代表大会制等观点；朱德同志提出了要注意发展手工业和农业多种经营的观点；邓子恢等同志提出了农业中要实行生产责任制的观点。所有这些，在当时和以后都有重大的意义。党中央在调整国民经济过程中陆续制定的农村人民公社工作条例草案和有关工业、商业、教育、科学、文艺等方面的工作条例草案，比较系统地总结了社会主义建设的经验，分别规定了适合当时情况的各项具体政策，至今对我们仍然有重要的借鉴作用。

总之，我们现在赖以进行现代化建设的物质技术基础，很大一部分是这个期间建设起来的；全国经济文化建设等方面的骨干力量和他们的工作经验，大部分也是在这个期间培养和积累起来的。这是这个期间党的工作的主导方面。

(17)这十年中,党的工作在指导方针上有过严重失误,经历了曲折的发展过程。

一九五七年的经济工作,由于认真执行党的“八大”的正确方针,是建国以来效果最好的年份之一。这一年在全党开展整风运动,发动群众向党提出批评建议,是发扬社会主义民主的正常步骤。在整风过程中,极少数资产阶级右派分子乘机鼓吹所谓“大鸣大放”,向党和新生的社会主义制度放肆地发动进攻,妄图取代共产党的领导,对这种进攻进行坚决的反击是完全正确和必要的。但是反右派斗争被严重地扩大化了,把一批知识分子、爱国人士和党内干部错划为“右派分子”,造成了不幸的后果。

一九五八年,党的八大二次会议通过的社会主义建设总路线及其基本点,其正确的一面是反映了广大人民群众迫切要求改变我国经济文化落后状况的普遍愿望,其缺点是忽视了客观的经济规律。在这次会议前后,全党同志和全国各族人民在生产建设中发挥了高度的社会主义积极性和创造精神,并取得了一定的成果。但是,由于对社会主义建设经验不足,对经济发展规律和中国经济基本情况认识不足,更由于毛泽东同志、中央和地方不少领导同志在胜利面前滋长了骄傲自满情绪,急于求成,夸大了主观意志和主观努力的作用,没有经过认真的调查研究和试点,就在总路线提出后轻率地发动了“大跃进”运动和农村人民公社化运动，使得以高指标、瞎指挥、浮夸风和“共产风”为主要标志的“左”倾错误严重地泛滥开来。从一九五八年底到一九五九年七月中央政治局庐山会议前期，毛泽东同志和党中央曾经努力领导全党纠正已经觉察到的错误。但是，庐山会议后期，毛泽东同志错误地发动了对彭德怀同志的批判，进而在全党错误地开展了“反右倾”斗争。八届八中全会关于所谓“彭德怀、黄克诚、张闻天、周小舟反党集团”的决议是完全错误的。这场斗争在政治上使党内从中央到基层的民主生活遭到严重损害，在经济上打断了纠正“左”倾错误的进程，使错误延续了更长时间。主要由于“大跃进”和“反右倾”的错误，加上当时的自然灾害和苏联政府背信弃义地撕毁合同，我国国民经济在一九五九年到一九六一年发生严重困难，国家和人民遭到重大损失。

一九六〇年冬，党中央和毛泽东同志开始纠正农村工作中的“左”倾错误，并且决定对国民经济实行“调整、巩固、充实、提高”的方针，随即在刘少奇、周恩来、陈云、邓小平等同志的主持下，制定和执行了一系列正确的政策和果断的措施，这是这个历史阶段中的重要转变。一九六二年一月召开的有七千人参加的扩大的中央工作会议，初步总结了“大跃进”中的经验教训，开展了批评和自我批评。会议前后又为“反右倾”运动中被错误批判的大多数同志进行了甄别平反。此外，还给被划为“右派分子”的大多数人摘掉了“右派分子”帽子。由于这些经济和政治的措施，从一九六二年到一九六六年国民经济得到了比较顺利的恢复和发展。

但是，“左”倾错误在经济工作的指导思想上并未得到彻底纠正，而在政治和思想文化方面还有发展。在一九六二年九月的八届十中全会上，毛泽东同志把社会主义社会中一定范围内存在的阶级斗争扩大化和绝对化，发展了他在一九五七年反右派斗争以后提出的无产阶级同资产阶级的矛盾仍然是我国社会的主要矛盾的观点，进一步断言在整个社会主义历史阶段资产阶级都将存在和企图复辟，并成为党内产生修正主义的根源。一九六三年至一九六五年间，在部分农村和少数城市基层开展的社会主义教育运动，虽然对于解决干部作风和经济管理等方面的问题起了一定作用，但由于把这些不同性质的问题都认为是阶级斗争或者是阶级斗争在党内的反映，在一九六四年下半年使不少基层干部受到不应有的打击，在一九六五年初又错误地提出了运动的重点是整所谓“党内走资本主义道路的当权派”。在意识形态领域，也对一些文艺作品、学术观点和文艺界学术界的一些代表人物进行了错误的、过火的政治批判，在对待知识分子问题、教育科学文化问题上发生了愈来愈严重的“左”的偏差，并且在后来发展成为“文化大革命”的导火线。不过，这些错误当时还没有达到支配全局的程度。

由于全党和全国各族人民的主要注意力从一九六〇年冬以后一直是在贯彻执行调整经济的正确方针,社会主义建设逐步地重新出现欣欣向荣的景象。党和人民团结一致,同甘共苦,对内克服了自己的困难,对外顶住了苏联领导集团的压力,还清了对苏联的全部债款(主要是抗美援朝中的军火债款),并且大力支援了许多国家人民的革命斗争和建设事业。一九六四年底到一九六五年初召开的第三届全国人民代表大会宣布:调整国民经济的任务已经基本完成,整个国民经济将进入一个新的发展时期,要努力把我国逐步建设成为一个具有现代农业、现代工业、现代国防和现代科学技术的社会主义强国。这个号召由于“文化大革命”而没有得到实行。

(18)这十年中的一切成就,是在以毛泽东同志为首的党中央集体领导下取得的。这个期间工作中的错误,责任同样也在党中央的领导集体。毛泽东同志负有主要责任,但也不能把所有错误归咎于毛泽东同志个人。这个期间,毛泽东同志在关于社会主义社会阶级斗争的理论和实践上的错误发展得越来越严重,他的个人专断作风逐步损害党的民主集中制,个人崇拜现象逐步发展。党中央未能及时纠正这些错误。林彪、江青、康生这些野心家又别有用心地利用和助长了这些错误。这就导致了“文化大革命”

的发动。

“文化大革命”的十年

（19）一九六六年五月至一九七六年十月的“文化大革命”，使党、国家和人民遭到建国以来最严重的挫折和损失。这场“文化大革命”是毛泽东同志发动和领导的。他的主要论点是：一大批资产阶级的代表人物、反革命的修正主义分子，已经混进党里、政府里、军队里和文化领域的各界里，相当大的一个多数的单位的领导权已经不在马克思主义者和人民群众手里。党内走资本主义道路的当权派在中央形成了一个资产阶级司令部，它有一条修正主义的政治路线和组织路线，在各省、市、自治区和中央各部门都有代理人。过去的各种斗争都不能解决问题，只有实行“文化大革命”，公开地、全面地、自下而上地发动广大群众来揭发上述的黑暗面，才能把被走资派篡夺的权力重新夺回来。这实质上是一个阶级推翻一个阶级的政治大革命，以后还要进行多次。这些论点主要地出现在作为“文化大革命”纲领性文件的《五·一六通知》和党的“九大”的政治报告中，并曾被概括成为所谓“无产阶级专政下继续革命的理论”，从而使“无产阶级专政下继续革命”一语有了特定的含义。毛泽东同志发动“文化大革命”的这些“左”

倾错误论点，明显地脱离了作为马克思列宁主义普遍原理和中国革命具体实践相结合的毛泽东思想的轨道，必须把它们同毛泽东思想完全区别开来。至于毛泽东同志所重用过的林彪、江青等人，他们组成两个阴谋夺取最高权力的反革命集团，利用毛泽东同志的错误，背着他进行了大量祸国殃民的罪恶活动，这完全是另外一种性质的问题。他们的反革命罪行已被充分揭露，所以本决议不多加论列。

（20）“文化大革命”的历史，证明毛泽东同志发动“文化大革命”的主要论点既不符合马克思列宁主义，也不符合中国实际。这些论点对当时我国阶级形势以及党和国家政治状况的估计，是完全错误的。

一、“文化大革命”被说成是同修正主义路线或资本主义道路的斗争，这个说法根本没有事实根据，并且在一系列重大理论和政策问题上混淆了是非。“文化大革命”中被当作修正主义或资本主义批判的许多东西，实际上正是马克思主义原理和社会主义原则，其中很多是毛泽东同志自己过去提出或支持过的。“文化大革命”否定了建国以来十七年大量的正确方针政策和成就，这实际上也就在很大程度上否定了包括毛泽东同志自己在内的党中央和人民政府的工作，否定了全国各族人民建设社会主义的艰苦卓绝的奋斗。

二、上述的是非混淆必然导致敌我的混淆。“文化大革命”所打倒的“走资派”,是党和国家各级组织中的领导干部,即社会主义事业的骨干力量。党内根本不存在所谓以刘少奇、邓小平为首的“资产阶级司令部”。确凿的事实证明,硬加给刘少奇同志的所谓“叛徒”、“内奸”、“工贼”的罪名,完全是林彪、江青等人的诬陷。八届十二中全会对刘少奇同志所作的政治结论和组织处理,是完全错误的。“文化大革命”对所谓“反动学术权威”的批判,使许多有才能、有成就的知识分子遭到打击和迫害,也严重地混淆了敌我。

三、“文化大革命”名义上是直接依靠群众,实际上既脱离了党的组织,又脱离了广大群众。运动开始后,党的各级组织普遍受到冲击并陷于瘫痪、半瘫痪状态,党的各级领导干部普遍受到批判和斗争,广大党员被停止了组织生活,党长期依靠的许多积极分子和基本群众受到排斥。“文化大革命”初期被卷入运动的大多数人,是出于对毛泽东同志和党的信赖,但是除了极少数极端分子以外,他们也不赞成对党的各级领导干部进行残酷斗争。后来,他们经过不同的曲折道路而提高觉悟之后,逐步对“文化大革命”采取怀疑观望以至抵制反对的态度,许多人因此也遭到了程度不同的打击。以上这些情况,不可避免地给一些投机分子、野心分子、阴谋分子以可乘之机,其中有不少人还被提拔到了重要的以至非常重要的地位。

四、实践证明,“文化大革命”不是也不可能是任何意义上的革命或社会进步。它根本不是“乱了敌人”而只是乱了自己,因而始终没有也不可能由“天下大乱”达到“天下大治”。在我国,在人民民主专政的国家政权建立以后,尤其是社会主义改造基本完成、剥削阶级作为阶级已经消灭以后,虽然社会主义革命的任务还没有最后完成,但是革命的内容和方法已经同过去根本不同。对于党和国家肌体中确实存在的某些阴暗面,当然需要作出恰当的估计并运用符合宪法、法律和党章的正确措施加以解决,但决不应该采取“文化大革命”的理论和方法。在社会主义条件下进行所谓“一个阶级推翻一个阶级”的政治大革命,既没有经济基础,也没有政治基础。它必然提不出任何建设性的纲领,而只能造成严重的混乱、破坏和倒退。历史已经判明,“文化大革命”是一场由领导者错误发动,被反革命集团利用,给党、国家和各族人民带来严重灾难的内乱。

(21)“文化大革命”的过程分为三段。

一、从“文化大革命”的发动到一九六九年四月党的第九次全国代表大会。一九六六年五月中央政治局扩大会议和同年八月八届十一中全会的召开,是“文化大革命”全面发动的标志。这两次会议相继通过了《五·一六通知》和《关于无产阶级文化大革命的决定》,对所谓“彭真、罗瑞卿、陆定一、杨尚昆反党集团”和对所谓“刘少奇、邓小平司令部”进行了错误的斗争，对党中央领导机构进行了错误的改组，成立了所谓“中央文革小组”并让它掌握了中央的很大部分权力。毛泽东同志的“左”倾错误的个人领导实际上取代了党中央的集体领导，对毛泽东同志的个人崇拜被鼓吹到了狂热的程度。林彪、江青、康生、张春桥等人主要利用所谓“中央文革小组”的名义，乘机煽动“打倒一切、全面内战”。一九六七年二月前后，谭震林、陈毅、叶剑英、李富春、李先念、徐向前、聂荣臻等政治局和军委的领导同志，在不同的会议上对“文化大革命”的错误做法提出了强烈的批评，但被诬为“二月逆流”而受到压制和打击。朱德、陈云同志也受到错误的批判。各部门各地方的党政领导机构几乎都被夺权或改组。派人民解放军实行三支两军(支左、支工、支农、军管、军训)，在当时的混乱情况下是必要的，对稳定局势起了积极的作用，但也带来了一些消极的后果。党的“九大”使“文化大革命”的错误理论和实践合法化，加强了林彪、江青、康生等人在党中央的地位。“九大”在思想上、政治上和组织上的指导方针都是错误的。

二、从党的“九大”到一九七三年八月党的第十次全国代表大会。一九七〇年至一九七一年间发生了林彪反革命集团阴谋夺取最高权力、策动反革命武装政变的事件。这是“文化大革命”推翻党的一系列基本原则的结果，客观上宣告了“文化大革命”的理论和实践的失败。毛泽东、周恩来同志机智地粉碎了这次叛变。周恩来同志在毛泽东同志支持下主持中央日常工作,使各方面的工作有了转机。一九七二年,在批判林彪的过程中,周恩来同志正确地提出要批判极左思潮的意见,这是一九六七年二月前后许多中央领导同志要求纠正“文化大革命”错误这一正确主张的继续。毛泽东同志却错误地认为当时的任务仍然是反对“极右”。党的“十大”继续了“九大”的“左”倾错误,并且使王洪文当上了党中央副主席。江青、张春桥、姚文元、王洪文在中央政治局内结成“四人帮”,江青反革命集团的势力又得到加强。

三、从党的“十大”到一九七六年十月。一九七四年初,江青、王洪文等提出开展所谓“批林批孔”运动;同有的地方和单位清查与林彪反革命集团阴谋活动有关的人和事不同,江青等人的矛头是指向周恩来同志的。毛泽东同志先是批准开展所谓“批林批孔”运动,在发现江青等人借机进行篡权活动以后,又对他们作了严厉批评,宣布他们是“四人帮”,指出江青有当党中央主席和操纵“组阁”的野心。一九七五年,周恩来同志病重,邓小平同志在毛泽东同志支持下主持中央日常工作,召开了军委扩大会议和解决工业、农业、交通、科技等方面问题的一系列重要会议,着手对许多方面的工作进行整顿,使形势有了明显好转。但是毛泽东同志不能容忍邓小平同志系统地纠正“文化大革命”的错误，又发动了所谓“批邓、反击右倾翻案风”运动，全国因而再度陷入混乱。一九七六年一月周恩来同志逝世。周恩来同志对党和人民无限忠诚，鞠躬尽瘁。他在“文化大革命”中处于非常困难的地位。他顾全大局，任劳任怨，为继续进行党和国家的正常工作，为尽量减少“文化大革命”所造成的损失，为保护大批的党内外干部，作了坚持不懈的努力，费尽了心血。他同林彪、江青反革命集团的破坏进行了各种形式的斗争。他的逝世引起了全党和全国各族人民的无限悲痛。同年四月间，在全国范围内掀起了以天安门事件为代表的悼念周总理、反对“四人帮”的强大抗议运动。这个运动实际上是拥护以邓小平同志为代表的党的正确领导，它为后来粉碎江青反革命集团奠定了伟大的群众基础。当时，中央政治局和毛泽东同志对天安门事件的性质作出了错误的判断，并且错误地撤销了邓小平同志的党内外一切职务。一九七六年九月毛泽东同志逝世，江青反革命集团加紧夺取党和国家最高领导权的阴谋活动。同年十月上旬，中央政治局执行党和人民的意志，毅然粉碎了江青反革命集团，结束了“文化大革命”这场灾难。这是全党、全军和全国各族人民长期斗争取得的伟大胜利。在粉碎江青反革命集团的斗争中，华国锋、叶剑英、李先念等同志起了重要作用。

(22)对于“文化大革命”这一全局性的、长时间的

“左”倾严重错误，毛泽东同志负有主要责任。但是，毛泽东同志的错误终究是一个伟大的无产阶级革命家所犯的错误。毛泽东同志是经常注意要克服我们党内和国家生活中存在着的缺点的，但他晚年对许多问题不仅没有能够加以正确的分析，而且在“文化大革命”中混淆了是非和敌我。他在犯严重错误的时候，还多次要求全党认真学习马克思、恩格斯、列宁的著作，还始终认为自己的理论和实践是马克思主义的，是为巩固无产阶级专政所必需的，这是他的悲剧所在。他在全局上一直坚持“文化大革命”的错误，但也制止和纠正过一些具体错误，保护过一些党的领导干部和党外著名人士，使一些负责干部重新回到重要的领导岗位。他领导了粉碎林彪反革命集团的斗争，对江青、张春桥等人也进行过重要的批评和揭露，不让他们夺取最高领导权的野心得逞。这些都对后来我们党顺利地粉碎“四人帮”起了重要作用。他晚年仍然警觉地注意维护我国的安全，顶住了社会帝国主义的压力，执行正确的对外政策，坚决支援各国人民的正义斗争，并且提出了划分三个世界的正确战略和我国永远不称霸的重要思想。在“文化大革命”中，我们党没有被摧毁并且还能维持统一，国务院和人民解放军还能进行许多必要的工作，有各族各界代表人物出席的第四届全国人民代表大会还能召开并且确定了以周恩来、邓小平同志为领导核心的国务院人选，我国社会主义制度的根基仍然保存着，社会主义经济建设还在进行，我们的国家仍然保持统一并且在国际上发挥重要影响。这些重要事实都同毛泽东同志的巨大作用分不开。因为这一切，特别是因为他对革命事业长期的伟大贡献，中国人民始终把毛泽东同志看作是自己敬爱的伟大领袖和导师。

（23）党和人民在“文化大革命”中同“左”倾错误和林彪、江青反革命集团的斗争是艰难曲折的，是一直没有停止的。“文化大革命”整个过程的严峻考验表明：党的八届中央委员会和它所选出的政治局、政治局常委、书记处的成员，绝大多数都站在斗争的正确方面。我们党的干部，无论是曾被错误地打倒的，或是一直坚持工作和先后恢复工作的，绝大多数是忠于党和人民的，对社会主义、共产主义事业的信念是坚定的。遭到过打击和折磨的知识分子、劳动模范、爱国民主人士、爱国华侨以及各民族各阶层的干部和群众，绝大多数都没有动摇热爱祖国和拥护党、拥护社会主义的立场。在“文化大革命”中受迫害而牺牲的刘少奇、彭德怀、贺龙、陶铸等党和国家领导人以及其他一切党内外同志，将永远被铭记在各族人民心中。正是由于全党和广大工人、农民、解放军指战员、知识分子、知识青年和干部的共同斗争，使“文化大革命”的破坏受到了一定程度的限制。我国国民经济虽然遭到巨大损失，仍然取得了进展。粮食生产保持了比较稳定的增长。工业交通、基本建设和科学技术方面取得了一批重要成就，其中包括一些新铁路和南京长江大桥的建成，一些技术先进的大型企业的投产，氢弹试验和人造卫星发射回收的成功，籼型杂交水稻的育成和推广，等等。在国家动乱的情况下，人民解放军仍然英勇地保卫着祖国的安全。对外工作也打开了新的局面。当然，这一切决不是“文化大革命”的成果，如果没有“文化大革命”，我们的事业会取得大得多的成就。在“文化大革命”中，我们尽管遭到林彪、江青两个反革命集团的破坏，但终于战胜了他们。党、人民政权、人民军队和整个社会的性质都没有改变。历史再一次表明，我们的人民是伟大的人民，我们的党和社会主义制度具有伟大而顽强的生命力。

(24)“文化大革命”所以会发生并且持续十年之久，除了前面所分析的毛泽东同志领导上的错误这个直接原因以外，还有复杂的社会历史原因。主要的是：

一、社会主义运动的历史不长，社会主义国家的历史更短，社会主义社会的发展规律有些已经比较清楚，更多的还有待于继续探索。我们党过去长期处于战争和激烈阶级斗争的环境中，对于迅速到来的新生的社会主义社会和全国规模的社会主义建设事业，缺乏充分的思想准备和科学研究。马克思、恩格斯、列宁、斯大林的科学著作是我们行动的指针,但是不可能给我国社会主义事业中的各种问题提供现成答案。从领导思想上来看,由于我们党的历史特点,在社会主义改造基本完成以后,在观察和处理社会主义社会发展进程中出现的政治、经济、文化等方面的新矛盾新问题时,容易把已经不属于阶级斗争的问题仍然看做是阶级斗争,并且面对新条件下的阶级斗争,又习惯于沿用过去熟习而这时已不能照搬的进行大规模急风暴雨式群众性斗争的旧方法和旧经验,从而导致阶级斗争的严重扩大化。同时,这种脱离现实生活的主观主义的思想和做法,由于把马克思、恩格斯、列宁、斯大林著作中的某些设想和论点加以误解或教条化,反而显得有"理论根据"。例如:认为社会主义社会在消费资料分配中通行的等量劳动相交换的平等权利,即马克思所说的"资产阶级权利"应该限制和批判,因而按劳分配原则和物质利益原则就应该限制和批判;认为社会主义改造基本完成以后小生产还会每日每时地大批地产生资本主义和资产阶级,因而形成一系列"左"倾的城乡经济政策和城乡阶级斗争政策;认为党内的思想分歧都是社会阶级斗争的反映,因而形成频繁激烈的党内斗争,等等。这就使我们把关于阶级斗争扩大化的迷误当成保卫马克思主义的纯洁性。此外,苏联领导人挑起中苏论战,并把两党之间的原则争论变为国家争端,对中国施加政治上、经济上和军事上的巨大压力,迫使我们不得不进行反对苏联大国沙文主义的正义斗争。在这种情况的影响下,我们在国内进行了反修防修运动,使阶级斗争扩大化的迷误日益深入到党内,以致党内同志间不同意见的正常争论也被当作是所谓修正主义路线的表现或所谓路线斗争的表现,使党内关系日益紧张化。这样,党就很难抵制毛泽东等同志提出的一些“左”倾观点,而这些“左”倾观点的发展就导致“文化大革命”的发生和持续。

二、党在面临着工作重心转向社会主义建设这一新任务因而需要特别谨慎的时候,毛泽东同志的威望也达到高峰。他逐渐骄傲起来,逐渐脱离实际和脱离群众,主观主义和个人专断作风日益严重,日益凌驾于党中央之上,使党和国家政治生活中的集体领导原则和民主集中制不断受到削弱以至破坏。这种现象是逐渐形成的,党中央对此也应负一定的责任。从马克思主义的观点看来,这个复杂现象是一定历史条件的产物,如果仅仅归咎于某个人或若干人,就不能使全党得到深刻教训,并找出切实有效的改革步骤。在共产主义运动中,领袖人物具有十分重要的作用,这是历史已经反复证明和不容置疑的。但是国际共产主义运动史上由于没有正确解决领袖和党的关系问题而出现过的一些严重偏差,对我们党也产生了消极的影响。中国是一个封建历史很长的国家,我们党对封建主义特别是对封建土地制度和豪绅恶霸进行了最坚决最彻底的斗争，在反封建斗争中养成了优良的民主传统；但是长期封建专制主义在思想政治方面的遗毒仍然不是很容易肃清的，种种历史原因又使我们没有能把党内民主和国家政治社会生活的民主加以制度化，法律化，或者虽然制定了法律，却没有应有的权威。这就提供了一种条件，使党的权力过分集中于个人，党内个人专断和个人崇拜现象滋长起来，也就使党和国家难于防止和制止“文化大革命”的发动和发展。

历史的伟大转折

（25）一九七六年十月粉碎江青反革命集团的胜利，从危难中挽救了党，挽救了革命，使我们的国家进入了新的历史发展时期。从这时开始到十一届三中全会之前的两年中，广大干部和群众以极大的热情投入各项革命和建设工作。揭发批判江青反革命集团的罪行，清查他们的反革命帮派体系，取得了很大成绩。党和国家组织的整顿，冤假错案的平反，开始部分地进行。工农业生产得到比较快的恢复。教育科学文化工作也开始走向正常。党内外同志越来越强烈地要求纠正“文化大革命”的错误，但是遇到了严重的阻碍。这固然是由于十年“文化大革命”造成的政治上思想上的混乱不容易在短期内消除，同时也由于当时担任党中央主席的华国锋同志在指导思想上继续犯了“左”的错误。华国锋同志是由毛泽东同志在一九七六年“批邓”运动中提议担任党中央第一副主席兼国务院总理的。他在粉碎江青反革命集团的斗争中有功，以后也做了有益的工作。但是，他推行和迟迟不改正“两个凡是”（即“凡是毛主席作出的决策，我们都坚决维护，凡是毛主席的指示，我们都始终不渝地遵循”）的错误方针；压制一九七八年开展的对拨乱反正具有重大意义的关于真理标准问题的讨论；拖延和阻挠恢复老干部工作和平反历史上冤假错案（包括“天安门事件”）的进程；在继续维护旧的个人崇拜的同时，还制造和接受对他自己的个人崇拜。一九七七年八月召开的党的第十一次全国代表大会，在揭批“四人帮”和动员全党建设社会主义现代化强国方面起了积极作用。但是，由于当时历史条件的限制和华国锋同志的错误的影响，这次大会没有能够纠正“文化大革命”的错误理论、政策和口号，反而加以肯定。对经济工作中的求成过急和其他一些“左”倾政策的继续，华国锋同志也负有责任。很明显，由他来领导纠正党内的“左”倾错误特别是恢复党的优良传统，是不可能的。

（26）一九七八年十二月召开的十一届三中全会，是建国以来我党历史上具有深远意义的伟大转折。全会结束了一九七六年十月以来党的工作在徘徊中前进的局面，开始全面地认真地纠正“文化大革命”中及其以前的“左”倾错误。这次全会坚决批判了“两个凡是”的错误方针，充分肯定了必须完整地、准确地掌握毛泽东思想的科学体系；高度评价了关于真理标准问题的讨论，确定了解放思想、开动脑筋、实事求是、团结一致向前看的指导方针；果断地停止使用“以阶级斗争为纲”这个不适用于社会主义社会的口号，作出了把工作重点转移到社会主义现代化建设上来的战略决策；提出了要注意解决好国民经济重大比例严重失调的要求，制订了关于加快农业发展的决定；着重提出了健全社会主义民主和加强社会主义法制的任务；审查和解决了党的历史上一批重大冤假错案和一些重要领导人的功过是非问题。全会还增选了中央领导机构的成员。这些在领导工作中具有重大意义的转变，标志着党重新确立了马克思主义的思想路线、政治路线和组织路线。从此，党掌握了拨乱反正的主动权，有步骤地解决了建国以来的许多历史遗留问题和实际生活中出现的新问题，进行了繁重的建设和改革工作，使我们的国家在经济上和政治上都出现了很好的形势。

一、在三中全会提出的解放思想、实事求是的号召下，广大干部和群众从过去盛行的个人崇拜和教条主义的精神枷锁中解脱出来，党内外思想活跃，出现了努力研究新情况解决新问题的生动景象。为了正确地贯彻解放思想的方针,党及时地重申必须坚持社会主义道路,坚持人民民主专政即无产阶级专政,坚持共产党的领导,坚持马克思列宁主义、毛泽东思想这四项基本原则,重申民主和集中不可偏废的原理,并指出剥削阶级作为阶级已经消灭,但阶级斗争仍在一定范围内继续存在的基本事实。党的四中全会通过的叶剑英同志在庆祝建国三十周年大会上的讲话,既充分肯定了建国以来党和人民所取得的伟大成就,又对党在过去工作中的错误作了自我批评,对国家的光明前途作了论证,加强了全党和全国各族人民的认识统一。一九八〇年八月的中央政治局会议,提出反对资产阶级思想侵蚀和肃清政治思想上的封建余毒的历史性任务。同年十二月的中央工作会议,决定加强党的思想政治工作,加强建设社会主义精神文明,批判违反四项基本原则的错误思潮,打击破坏社会主义事业的反革命活动,对全国安定团结、生动活泼的政治局面发生了重大的良好影响。

二、党在一九七九年四月召开的中央工作会议上提出对整个国民经济实行"调整、改革、整顿、提高"的方针,坚决纠正前两年经济工作中的失误,认真清理过去在这方面长期存在的"左"倾错误影响。党指出经济建设必须适合我国国情,符合经济规律和自然规律;必须量力而行,循序前进,经过论证,讲求实效,使生产的发展同人民生活的改善密切结合；必须在坚持独立自主、自力更生的基础上，积极开展对外经济合作和技术交流。在这些方针指导下，轻工业的发展加快了，工业内部结构正朝着合理的协调的方向发展；包括扩大企业自主权、恢复职工代表大会制度和加强企业的民主管理、财政分级管理等在内的经济管理体制的改革，正结合经济调整有步骤地进行。党认真补救农业合作化后期以来农村工作上的失误，提高农副产品价格，推行各种形式的联产计酬责任制，恢复并适当扩大自留地，恢复农村集市贸易，发展农村副业和多种经营，极大地调动了农民的积极性。这两年的粮食产量是建国以来最高的，经济作物和农副产品的生产都获得了迅速的发展。由于农业和整个国民经济的发展，人民生活有了改善。

三、经过大量切实的调查研究，为原中共中央副主席、中华人民共和国主席刘少奇同志以及遭受冤屈的其他党和国家领导人、各族各界的领袖人物恢复了名誉，肯定了他们在长期革命斗争中为党和人民建树的历史功勋。

四、在全国复查和平反了大量的冤假错案，改正了错划右派分子的案件。宣布原工商业者已改造成为劳动者；把原为劳动者的小商小贩、手工业者从原资产阶级工商业者中区别出来；为现已改造成为劳动者的绝大多数原地主、富农分子改订了成分。这一系列工作妥善地解决了大量党内和人民内部的矛盾。

五、各级人民代表大会的工作得到加强，省、县两级人代会增设了常设机构，县级和县级以下人民代表由选民直接选举的制度正在普遍实行。党和国家的集体领导和民主集中制正在健全。地方和基层组织的权力正在逐步扩大。取消了不利于发扬社会主义民主的所谓“大鸣、大放、大字报、大辩论”。恢复、制订和施行了一系列重要的法律、法令和条例，包括建国以来一直没有制订的刑法、刑事诉讼法。加强了司法、检察和公安机关的工作。打击了各种严重的刑事犯罪分子。依法公开审判了林彪、江青反革命集团十名主犯。

六、党大力调整和加强了各级领导班子。五中全会增补政治局常委委员，成立中央书记处，有力地加强了党中央的领导。中央和各级纪律检查委员会的建立，《关于党内政治生活的若干准则》和其他有关党内法规的制定，各级党的领导机关和纪律检查机关为纠正不正之风所做的工作，提高了党的战斗力。党的舆论机关在这方面也做了许多努力。党决定废除干部领导职务实际上存在的终身制，改变权力过分集中的状况，要求在坚持革命化的前提下逐步实现各级领导人员的年轻化、知识化和专业化，并在这些方面着手做了一些工作。由于调整了国务院的领导成员和实行党政分工，中央和地方政府工作得到加强。

此外，党在教育、科学、文化、卫生、体育工作，民族工作，统战工作，侨务工作，军事工作和外交工作等方面，认真落实党的各项政策，都取得了重要的成就。

总之，三中全会以来，毛泽东思想的科学原理和党的正确政策在新的条件下得到了恢复和发展，党和国家的各项工作重新蒸蒸日上。我们的工作中还有失误和缺点，我们的面前还有许多困难。但是，胜利前进的航道已经打通，党在人民中的威信正在日益提高。

毛泽东同志的历史地位和毛泽东思想

(27)毛泽东同志是伟大的马克思主义者，是伟大的无产阶级革命家、战略家和理论家。他虽然在“文化大革命”中犯了严重错误，但是就他的一生来看，他对中国革命的功绩远远大于他的过失。他的功绩是第一位的，错误是第二位的。他为我们党和中国人民解放军的创立和发展，为中国各族人民解放事业的胜利，为中华人民共和国的缔造和我国社会主义事业的发展，建立了永远不可磨灭的功勋。他为世界被压迫民族的解放和人类进步事业作出了重大的贡献。

(28)以毛泽东同志为主要代表的中国共产党人，根据马克思列宁主义的基本原理，把中国长期革命实践中的一系列独创性经验作了理论概括，形成了适合中国情况的科学的指导思想，这就是马克思列宁主义普遍原理和中国革命具体实践相结合的产物——毛泽东思想。在一个半殖民地、半封建的东方大国里进行革命，必然遇到许多特殊的复杂问题。靠背诵马克思列宁主义一般原理和照搬外国经验，不可能解决这些问题。主要在本世纪二十年代后期和三十年代前期在国际共产主义运动中和我们党内盛行的把马克思主义教条化、把共产国际决议和苏联经验神圣化的错误倾向，曾使中国革命几乎陷于绝境。毛泽东思想是在同这种错误倾向作斗争并深刻总结这方面的历史经验的过程中逐渐形成和发展起来的。它在土地革命战争后期和抗日战争时期得到系统总结和多方面展开而达到成熟，在解放战争时期和中华人民共和国成立以后继续得到发展。毛泽东思想是马克思列宁主义在中国的运用和发展，是被实践证明了的关于中国革命的正确的理论原则和经验总结，是中国共产党集体智慧的结晶。我党许多卓越领导人对它的形成和发展都作出了重要贡献，毛泽东同志的科学著作是它的集中概括。

（29）毛泽东思想具有多方面的内容。在以下几个方面，它以独创性的理论丰富和发展了马克思列宁主义。

一、关于新民主主义革命。毛泽东同志从中国的历史状况和社会状况出发，深刻研究中国革命的特点和中国革命的规律，发展了马克思列宁主义关于无产阶级在民主革命中的领导权的思想，创立了无产阶级领导的，工农联盟为基础的，人民大众的，反对帝国主义、封建主义和官僚资本主义的新民主主义革命的理论。这方面的主要著作有：《中国社会各阶级的分析》、《湖南农民运动考察报告》、《星星之火，可以燎原》、《〈共产党人〉发刊词》、《新民主主义论》、《论联合政府》、《目前形势和我们的任务》。其基本点，一是认为中国资产阶级有两个部分，一部分是依附于帝国主义的大资产阶级（即买办资产阶级、官僚资产阶级），另一部分是既有革命要求又有动摇性的民族资产阶级。无产阶级领导的统一战线要争取民族资产阶级参加，并且在特殊条件下把一部分大资产阶级也包括在内，以求最大限度地孤立最主要的敌人。在同资产阶级结成统一战线时，要保持无产阶级的独立性，实行又团结又斗争、以斗争求团结的政策；在被迫同资产阶级、主要是同大资产阶级分裂时，要敢于并善于同大资产阶级进行坚决的武装斗争，同时要继续争取民族资产阶级的同情或中立。二是认为由于中国没有资产阶级民主，反动统治阶级凭借武装力量对人民实行独裁恐怖统治，革命只能以长期的武装斗争为主要形式。中国的武装斗争，是无产阶级领导的以农民为主体的革命战争。农民是无产阶级的最可靠的同盟军。无产阶级有可能和必要通过自己的先锋队用先进思想、组织性和纪律性来提高农民群众的觉悟水平，建立农村根据地，长期进行革命战争，发展和壮大革命力量。毛泽东同志指出，“统一战线和武装斗争，是战胜敌人的两个基本武器”，加上党本身的建设，就成为革命的“三个法宝”。以上这些，就是中国共产党所以能成为全民族的领导核心，并且创造出一条以农村包围城市，最后夺取全国胜利的道路的基本依据。

二、关于社会主义革命和社会主义建设。毛泽东同志和中国共产党，依据新民主主义革命胜利所创造的向社会主义过渡的经济政治条件，采取社会主义工业化和社会主义改造同时并举的方针，实行逐步改造生产资料私有制的具体政策，从理论和实践上解决了在中国这样一个占世界人口近四分之一的、经济文化落后的大国中建立社会主义制度的艰难任务。毛泽东同志提出的对人民内部的民主方面和对反动派的专政方面互相结合起来就是人民民主专政的理论，丰富了马克思列宁主义关于无产阶级专政的学说。在社会主义制度建立以后，毛泽东同志指出，在社会主义制度下，人民的根本利益是一致的，但人民内部还存在着各种矛盾，必须严格区分和正确处理敌我矛盾和人民内部矛盾。他提出人民内部要在政治上实行“团结——批评——团结”，在党与民主党派的关系上实行“长期共存、互相监督”，在科学文化工作中实行“百花齐放、百家争鸣”，在经济工作中实行对全国城乡各阶层统筹安排和兼顾国家、集体、个人三者利益等一系列正确方针。他多次强调不要机械搬用外国的经验，而要从中国是一个大农业国这种情况出发，以农业为基础，正确处理重工业同农业、轻工业的关系，充分重视发展农业和轻工业，走出一条适合我国国情的中国工业化道路。他强调在社会主义建设中要处理好经济建设和国防建设，大型企业和中小型企业，汉族和少数民族，沿海和内地，中央和地方，自力更生和学习外国等各种关系，处理好积累和消费的关系，注意综合平衡。他还强调工人是企业的主人，要实行干部参加劳动、工人参加管理、改革不合理的规章制度和技术人员、工人、干部"三结合"。他提出了调动一切积极因素，化消极因素为积极因素，以便团结全国各族人民建设社会主义强大国家的战略思想。毛泽东同志关于社会主义革命和社会主义建设的重要思想，集中地体现在《在中国共产党第七届中央委员会第二次全体会议上的报告》、《论人民民主专政》、《论十大关系》、《关于正确处理人民内部矛盾的问题》、《在扩大的中央工作会议上的讲话》等主要著作中。

三、关于革命军队的建设和军事战略。毛泽东同志系统地解决了以农民为主要成分的革命军队如何建设成为一支无产阶级性质的、具有严格纪律的、同人民群众保持亲密联系的新型人民军队的问题。他规定了全心全意为人民服务是人民军队的唯一宗旨，规定了是党指挥枪而不是枪指挥党的原则，制定了三大纪律八项注意，强调实行政治、经济、军事三大民主，实行官兵一致、军民一致和瓦解敌军的原则，提出和总结了一套军队政治工作的方针和方法。他在《关于纠正党内的错误思想》、《中国革命战争的战略问题》、《抗日游击战争的战略问题》、《论持久战》、《战争和战略问题》等军事著作中，总结了中国长期革命战争的经验，系统地提出了建设人民军队的思想，提出了以人民军队为骨干，依靠广大人民群众，建立农村根据地，进行人民战争的思想。他把游击战争提到了战略的地位，认为中国革命战争在长时期内的主要作战形式是游击战和带游击性的运动战。他论述了要随着敌我力量对比的变化和战争发展的进程，正确地实行军事战略的转变。他为革命军队制定了在敌强我弱的形势下实行战略的持久战和战役、战斗的速决战，把战略上的劣势转变为战役、战斗上的优势，集中优势兵力、各个歼灭敌人等一系列人民战争的战略战术。他在解放战争中总结出著名的十大军事原则。这些是毛泽东同志对马克思列宁主义的军事理论的极为杰出的贡献。在建国以后，他提出必须加强国防，建设现代化革命武装力量（包括海军、空军以及其他技术兵种）和发展现代化国防技术（包括用于自卫的核武器）的重要指导思想。

四、关于政策和策略。毛泽东同志精辟地论证了革命斗争中政策和策略问题的极端重要性，指出政策和策略是党的生命，是革命政党一切实际行动的出发点和归宿，必须根据政治形势、阶级关系和实际情况及其变化制定党的政策，把原则性和灵活性结合起来。他在对敌斗争和统一战线等方面，提出了许多重要的政策和策略思想。他指出：弱小的革命力量在变化着的主客观条件下能够最终战胜强大的反动力量；战略上要藐视敌人，战术上要重视敌人；要掌握斗争的主要方向，不要四面出击；对敌人要区别对待、分化瓦解，实行利用矛盾、争取多数、反对少数、各个击破的策略；在反动统治地区，把合法斗争和非法斗争结合起来，在组织上采取荫蔽精干的方针；对被打倒的反动阶级成员和反动分子，只要他们不造反、不捣乱，都给以生活出路，让他们在劳动中改造成为自食其力的劳动者；无产阶级及其政党要实现自己对同盟者的领导，必须具备两个条件：一是率领被领导者向着共同的敌人作坚决斗争并取得胜利；二是对被领导者给以物质利益，至少不损害其利益，同时给以政治教育，等等。毛泽东同志的这些政策和策略思想，表现在他的许多著作中，特别是集中表现在《目前抗日统一战线中的策略问题》、《论政策》、《关于打退第二次反共高潮的总结》、《关于目前党的政策中的几个重要问题》、《不要四面出击》、《关于帝国主义和一切反动派是不是真老虎的问题》等著作中。

五、关于思想政治工作和文化工作。毛泽东同志在《新民主主义论》中指出:“一定的文化(当作观念形态的文化)是一定社会的政治和经济的反映,又给予伟大影响和作用于一定社会的政治和经济;而经济是基础,政治则是经济的集中表现。”他根据这个基本观点,在这方面提出过许多具有长远意义的重要思想。例如:关于思想政治工作是经济工作和其他一切工作的生命线,要实行政治和经济的统一、政治和技术的统一、又红又专的方针;关于发展民族的、科学的、大众的文化,实行百花齐放、推陈出新、古为今用、洋为中用的方针;关于知识分子在革命和建设中具有重要作用,知识分子要同工农相结合,通过学习马克思列宁主义、学习社会和工作实践树立无产阶级世界观的思想,等等。他指出“为什么人的问题,是一个根本的问题,原则的问题”,强调要全心全意为人民服务,对革命工作要极端负责,要艰苦奋斗和不怕牺牲。毛泽东同志关于思想政治文化的许多著名的著作,例如《青年运动的方向》、《大量吸收知识分子》、《在延安文艺座谈会上的讲话》、《纪念白求恩》、《为人民服务》、《愚公移山》等,至今仍有重要意义。

六、关于党的建设。在无产阶级人数很少而战斗力很强,农民和其他小资产阶级占人口大多数的国家,建设一个具有广大群众性的、马克思主义的无产阶级政党，是极其艰巨的任务。毛泽东同志的建党学说成功地解决了这个问题。这方面的主要著作有：《反对自由主义》、《中国共产党在民族战争中的地位》、《改造我们的学习》、《整顿党的作风》、《反对党八股》、《学习和时局》、《关于健全党委制》、《党委会的工作方法》等。他特别着重于从思想上建设党，提出党员不但要在组织上入党，而且要在思想上入党，经常注意以无产阶级思想改造和克服各种非无产阶级思想。他指出，理论和实践相结合的作风，和人民群众紧密地联系在一起的作风，以及自我批评的作风，是中国共产党区别于其他任何政党的显著标志。他针对历史上党内斗争中存在过的“残酷斗争、无情打击”的“左”倾错误，提出“惩前毖后、治病救人”的正确方针，强调在党内斗争中要达到既弄清思想又团结同志的目的。他创造了在全党通过批评与自我批评进行马克思列宁主义思想教育的整风形式。建国前夕和建国以后，鉴于我们党成为领导全国政权的党，毛泽东同志多次提出要继续保持谦虚谨慎、戒骄戒躁、艰苦奋斗的作风，警惕资产阶级思想的侵蚀，反对脱离群众的官僚主义。

(30)毛泽东思想的活的灵魂，是贯串于上述各个组成部分的立场、观点和方法，它们有三个基本方面，即实事求是，群众路线，独立自主。毛泽东同志把辩证唯物主义和历史唯物主义运用于无产阶级政党的全部工作，在中国革命的长期艰苦斗争中形成了具有中国共产党人特色的这些立场、观点和方法，丰富和发展了马克思列宁主义。它们不仅表现在《反对本本主义》、《实践论》、《矛盾论》、《〈农村调查〉的序言和跋》、《关于领导方法的若干问题》、《人的正确思想是从哪里来的?》等重要著作中，而且表现在毛泽东同志的全部科学著作中，表现在中国共产党人的革命活动中。

一、实事求是，就是从实际出发，理论联系实际，就是要把马克思列宁主义普遍原理同中国革命具体实践相结合。毛泽东同志从来反对离开中国社会和中国革命的实际去研究马克思主义。早在一九三〇年，他就提出反对本本主义，强调调查研究是一切工作的第一步，没有调查就没有发言权。他在延安整风运动前夕指出，主观主义是共产党的大敌，是党性不纯的一种表现。这些精辟论断冲破了教条主义的束缚，使人们的思想得到一大解放。他的哲学著作和其他许多包含着丰富哲学思想的著作，从总结中国革命的经验教训中，深刻地论述和丰富了马克思主义的认识论和辩证法。毛泽东同志着重阐明辩证唯物主义认识论是能动的革命的反映论，特别强调充分发扬根据和符合客观实际的自觉的能动性。他以社会实践为基础，全面地系统地论述了辩证唯物主义关于认识的源泉、认识的发展过程、认识的目的、真理的标准的理论；指出正确认识的形成和发展，往往需要经过由物质到精神，由精神到物质，即由实践到认识，由认识到实践多次的反复；指出真理是同谬误相比较而存在、相斗争而发展的，真理是不可穷尽的，认识的是非即认识是否符合客观实际，最终只能通过社会实践来解决。毛泽东同志阐述和发挥了马克思主义辩证法的核心——对立统一规律。他指出不仅要研究客观事物的矛盾的普遍性，尤其重要的是要研究它的特殊性，对于不同性质的矛盾，要用不同的方法去解决。因此，不能把辩证法看作是可以死背硬套的公式，而必须把它同实践、同调查研究密切结合，加以灵活运用。他使哲学真正成为无产阶级和人民群众认识世界和改造世界的锐利武器。特别是他论述中国革命战争问题的重要著作，提供了在实践中运用和发展马克思主义认识论和辩证法的最光辉的范例。毛泽东同志的上述的思想路线，我们党必须永远坚持。

二、群众路线，就是一切为了群众，一切依靠群众，从群众中来，到群众中去。把马克思列宁主义关于人民群众是历史的创造者的原理系统地运用在党的全部活动中，形成党在一切工作中的群众路线，这是我们党长时期在敌我力量悬殊的艰难环境里进行革命活动的无比宝贵的历史经验的总结。毛泽东同志经常强调，只要我们依靠人民，坚决地相信人民的创造力是无穷无尽的，因而信任人民，和人民打成一片，那就任何困难都有可能克服，任何敌人最终都压不倒我们，而只能被我们所压倒。他还指出，领导群众进行一切实际工作时，要取得正确的领导意见，必须从群众中来、到群众中去，实行领导和群众相结合，一般号召和个别指导相结合。这就是说，把群众的意见集中起来，化为系统的意见，又到群众中坚持下去，在群众的行动中考验这些意见是否正确。如此循环往复，使领导的认识更正确、更生动、更丰富。这样，毛泽东同志就把马克思主义的认识论同党的群众路线统一起来了。党是阶级的先进部队，党是为人民的利益而存在和奋斗的，但是党永远只是人民的一小部分；离开人民，党的一切斗争和理想不但都会落空，而且都要变得毫无意义。我们党要坚持革命，把社会主义事业推向前进，就必须坚持群众路线。

三、独立自主，自力更生，是从中国实际出发、依靠群众进行革命和建设的必然结论。无产阶级革命是国际性的事业，需要各国无产阶级互相支援。但是完成这个事业，首先需要各国无产阶级立足于本国，依靠本国革命力量和人民群众的努力，使马克思列宁主义的普遍原理同本国革命的具体实践相结合，把本国的革命事业做好。毛泽东同志一贯强调，我们的方针要放在自己力量的基点上，自己找出适合我国情况的前进道路。在我们这样一个大国，尤其必须主要依靠自己的力量发展革命和建设事业。我们一定要有自己奋斗到底的决心，要信任和依靠本国亿万人民的智慧和力量，否则，无论革命和建设都不可能取得胜利，胜利了也不可能巩固。当然，我国的革命和建设不是也不可能孤立于世界之外，我们在任何时候都需要争取外援，特别需要学习外国一切对我们有益的先进事物。闭关自守、盲目排外以及任何大国主义的思想行为都是完全错误。但是，尽管我国经济文化还比较落后，我们对待世界上任何大国、强国和富国，都必须坚持自己的民族自尊心和自信心，决不允许有任何奴颜婢膝、卑躬屈节的表现。建国以前和建国以后，在党和毛泽东同志领导下，无论遇到什么样的困难，我们都没有动摇过独立自主、自力更生的决心，没有在任何外来的压力面前屈服，表现了中国共产党、中国各族人民的大无畏的英雄气概。我们主张各国人民和平共处，平等互助。我们坚持独立自主，也尊重别国人民独立自主的权利。适合本国特点的革命道路和建设道路，只能由本国人民自己来寻找、创造和决定，任何人都无权把自己的意见强加于人。只有这样，才能有真正的国际主义，否则就只能是霸权主义。在今后的国际交往中，我们将永远坚持这样的原则立场。

(31)毛泽东思想是我们党的宝贵的精神财富，它将长期指导我们的行动。由马克思列宁主义、毛泽东思想培育的党的领导者和大批干部，过去是我们的事业取得巨大胜利的基本骨干，现在和今后仍然是社会主义现代化建设事业的宝贵中坚。毛泽东同志的重要著作，有许多是在新民主主义革命时期和社会主义改造时期写的，但仍然是我们必须经常学习的。这不但因为历史不能割断，如果不了解过去，就会妨碍我们对当前问题的了解；而且因为这些著作中包含的许多基本原理、原则和科学方法，是有普遍意义的，现在和今后对我们都具有重要的指导作用。因此，我们必须继续坚持毛泽东思想，认真学习和运用它的立场、观点和方法来研究实践中出现的新情况，解决新问题。毛泽东思想为马克思列宁主义的理论宝库增添了许多新的内容，我们应该把学习毛泽东同志的科学著作同学习马克思、恩格斯、列宁、斯大林的科学著作结合起来。因为毛泽东同志晚年犯了错误，就企图否认毛泽东思想的科学价值，否认毛泽东思想对我国革命和建设的指导作用，这种态度是完全错误的。对毛泽东同志的言论采取教条主义态度，以为凡是毛泽东同志说过的话都是不可移易的真理，只能照抄照搬，甚至不愿实事求是地承认毛泽东同志晚年犯了错误，并且还企图在新的实践中坚持这些错误，这种态度也是完全错误的。这两种态度都是没有把经过长期历史考验形成为科学理论的毛泽东思想，同毛泽东同志晚年所犯的错误区别开来，而这种区别是十分必要的。

我们必须珍视半个多世纪以来在中国革命和建设过程中把马克思列宁主义普遍原理和中国实际相结合的一切积极成果,在新的实践中运用和发展这些成果,以符合实际的新原理和新结论丰富和发展我们党的理论,保证我们的事业沿着马克思列宁主义、毛泽东思想的科学轨道继续前进。

团结起来,为建设社会主义现代化强国而奋斗

(32)我们党在新的历史时期的奋斗目标,就是要把我们的国家,逐步建设成为具有现代农业、现代工业、现代国防和现代科学技术的,具有高度民主和高度文明的社会主义强国。我们还要实现台湾回归祖国,完成祖国统一的大业。我们总结建国以来三十二年历史经验的根本目的,就是要在坚持社会主义道路,坚持人民民主专政即无产阶级专政,坚持共产党的领导,坚持马克思列宁主义、毛泽东思想这四项基本原则的基础上,把全党、全军和全国各族人民的意志和力量进一步集中到建设社会主义现代化强国这个伟大目标上来。四项基本原则,是全党团结和全国各族人民团结的共同的政治基础,也是社会主义现代化建设事业顺利进行的根本保证。一切偏离四项基本原则的言论和行动都是错误的,一切否定和破坏四项基本原则的言

论和行动都是不能容许的。

(33)只有社会主义才能救中国。这是中国各族人民从一百多年来的切身体验中得出的不可动摇的结论,也是建国三十二年来最基本的历史经验。尽管我们的社会主义制度还是处于初级的阶段,但是毫无疑问,我国已经建立了社会主义制度,进入了社会主义社会,任何否认这个基本事实的观点都是错误的。我们在社会主义条件下取得了旧中国根本不可能达到的成就,初步地但又有力地显示了社会主义制度的优越性。我们能够依靠自己的力量战胜各种困难,同样也是社会主义制度具有强大生命力的表现。当然,我们的社会主义制度由比较不完善到比较完善,必然要经历一个长久的过程。这就要求我们在坚持社会主义基本制度的前提下,努力改革那些不适应生产力发展需要和人民利益的具体制度,并且坚决地同一切破坏社会主义的活动作斗争。随着我们事业的发展,社会主义的巨大优越性必将越来越充分地显示出来。

(34)没有中国共产党就没有新中国,同样,没有中国共产党也就不会有现代化的社会主义中国。中国共产党是用马克思列宁主义、毛泽东思想武装起来的,以最终实现共产主义为历史使命的,有严明纪律和富于自我批评精神的无产阶级政党。如果没有这个党的领导,没有这个党在长期斗争中同人民群众形成的血肉联系,没有这个党在人民中间所进行的艰苦细致的有成效的工作和由此而享有的崇高威信，那末我们的国家就必然由于种种内外原因而四分五裂，我们民族和人民的前途就只能被断送。党的领导不会没有错误，但是党和人民的亲密团结必定能够纠正这种错误，任何人都不能用党曾犯过错误作为削弱、摆脱甚至破坏党的领导的理由。削弱、摆脱和破坏党的领导，只会犯更大的错误，并且招致严重的灾难。为了坚持党的领导，必须改善党的领导。我们党在思想作风、组织状况、领导制度以及同群众的联系等方面仍然存在着不少缺点，必须坚决加以克服。只要我们认真坚持和不断改善党的领导，我们党就一定能够更好地担负起历史所赋予的巨大的责任。

(35)三中全会以来，我们党已经逐步确立了一条适合我国情况的社会主义现代化建设的正确道路。这条道路还将在实践中不断充实和发展，但是它的主要点，已经可以从建国以来正反两方面的经验、特别是“文化大革命”的教训中得到基本的总结。

一、在社会主义改造基本完成以后，我国所要解决的主要矛盾，是人民日益增长的物质文化需要同落后的社会生产之间的矛盾。党和国家工作的重点必须转移到以经济建设为中心的社会主义现代化建设上来，大大发展社会生产力，并在这个基础上逐步改善人民的物质文化生活。

我们过去所犯的错误，归根到底，就是没有坚定不移地实现这个战略转移，而到了“文化大革命”期间，竟然提出了反对所谓“唯生产力论”这样一种根本违反历史唯物主义的荒谬观点。今后，除了发生大规模外敌入侵（那时仍然必须进行为战争所需要和容许的经济建设），决不能再离开这个重点。党的各项工作都必须服从和服务于经济建设这个中心，全党干部特别是经济部门的干部要努力学习经济理论、经济工作和科学技术。

二、社会主义经济建设必须从我国国情出发，量力而行，积极奋斗，有步骤分阶段地实现现代化的目标。我们过去在经济工作中长期存在的左倾错误的主要表现，就是离开了我国国情，超越了实际的可能性，忽视了生产建设、经营管理的经济效果和各项经济计划、经济政策、经济措施的科学论证，从而造成大量的浪费和损失。我们必须采取科学态度，深入了解和分析情况，认真听取各方面干部、群众和专家的意见，努力按照客观经济规律和自然规律办事，努力做到各经济部门按比例地协调发展。我们必须看到我国经济文化还比较落后这个基本事实，同时又必须看到我国经济建设已经取得的成就和经验以及国际经济技术交流的扩大等国内国际的有利条件，并充分利用这些有利条件。既反对急于求成，也反对消极情绪。

三、社会主义生产关系的变革和完善必须适应于生产力的状况，有利于生产的发展。国营经济和集体经济是我国基本的经济形式，一定范围的劳动者个体经济是公有制经济的必要补充。必须实行适合于各种经济成分的具体管理制度和分配制度。必须在公有制基础上实行计划经济，同时发挥市场调节的辅助作用。要大力发展社会主义的商品生产和商品交换。社会主义生产关系的发展并不存在一套固定的模式，我们的任务是要根据我国生产力发展的要求，在每一个阶段上创造出与之相适应和便于继续前进的生产关系的具体形式。

四、在剥削阶级作为阶级消灭以后，阶级斗争已经不是主要矛盾。由于国内的因素和国际的影响，阶级斗争还将在一定范围内长期存在，在某种条件下还有可能激化。既要反对把阶级斗争扩大化的观点，又要反对认为阶级斗争已经熄灭的观点。对敌视社会主义的分子在政治上、经济上、思想文化上、社会生活上进行的各种破坏活动，必须保持高度警惕和进行有效的斗争。必须正确认识我国社会内部大量存在的不属于阶级斗争范围的各种社会矛盾，采取不同于阶级斗争的方法来正确地加以解决，否则也会危害社会的安定团结。一定要毫不动摇地团结一切可以团结的力量，巩固和扩大爱国统一战线。

五、逐步建设高度民主的社会主义政治制度，是社会主义革命的根本任务之一。建国以来没有重视这一任务，成了“文化大革命”得以发生的一个重要条件，这是一个沉痛教训。必须根据民主集中制的原则加强各级国家机关的建设，使各级人民代表大会及其常设机构成为有权威的人民权力机关，在基层政权和基层社会生活中逐步实现人民的直接民主，特别要着重努力发展各城乡企业中劳动群众对于企业事务的民主管理。必须巩固人民民主专政，完善国家的宪法和法律并使之成为任何人都必须严格遵守的不可侵犯的力量，使社会主义法制成为维护人民权利，保障生产秩序、工作秩序、生活秩序，制裁犯罪行为，打击阶级敌人破坏活动的强大武器。决不能让类似“文化大革命”的混乱局面在任何范围内重演。

六、社会主义必须有高度的精神文明。要坚决扫除长期间存在而在“文化大革命”期间登峰造极的那种轻视教育科学文化和歧视知识分子的完全错误的观念，努力提高教育科学文化在现代化建设中的地位和作用，明确肯定知识分子同工人、农民一样是社会主义事业的依靠力量，没有文化和知识分子是不可能建设社会主义的。要在全党大大加强对马克思主义理论的研究，对中外历史和现状的研究，对各门社会科学和自然科学的研究。要加强和改善思想政治工作，用马克思主义世界观和共产主义道德教育人民和青年，坚持德智体全面发展、又红又专、知识分子与工人农民相结合、脑力劳动与体力劳动相结合的教育方针，抵制腐朽的资产阶级思想和封建残余思想的影响，克服小资产阶级思想的影响，发扬祖国利益高于一切的爱国主义精神和为现代化建设贡献一切的艰苦创业精神。

七、改善和发展社会主义的民族关系，加强民族团结，这对于我们这个多民族国家具有重大意义。在民族问题上，过去，特别是在“文化大革命”中，我们犯过把阶级斗争扩大化的严重错误，伤害了许多少数民族干部和群众。在工作中，对少数民族自治权利尊重不够。这个教训一定要认真记取。必须明确认识，现在我国的民族关系基本上是各族劳动人民之间的关系。必须坚持实行民族区域自治，加强民族区域自治的法制建设，保障各少数民族地区根据本地实际情况贯彻执行党和国家政策的自主权。要切实帮助少数民族地区发展经济文化，努力培养和提拔少数民族干部。坚决反对一切破坏民族团结和民族平等的言论和行为。要继续贯彻执行宗教信仰自由的政策。坚持四项基本原则并不要求宗教信徒放弃他们的宗教信仰，只是要求他们不得进行反对马列主义、毛泽东思想的宣传，要求宗教不得干预政治和干预教育。

八、在战争危险依然存在的国际条件下，必须加强现代化的国防建设。国防建设要同国家的经济建设相适应。人民解放军要加强军事训练、政治工作、后勤工作和军事科学研究，进一步提高战斗力，逐步把自己建设成为一支强大的现代化的革命军队。要恢复和发扬军队内部和军政之间、军民之间紧密团结的优良传统。民兵建设也要进一步加强。

九、在对外关系上，必须继续坚持反对帝国主义、霸权主义、殖民主义和种族主义，维护世界和平。在和平共处五项原则的基础上，积极发展同世界各国的关系和经济文化往来。坚持无产阶级国际主义，支持被压迫民族的解放事业、新独立国家的建设事业和各国人民的正义斗争。

十、根据“文化大革命”的教训和党的现状，必须把我们党建设成为具有健全的民主集中制的党。一定要树立党必须由在群众斗争中产生的德才兼备的领袖们实行集体领导的马克思主义观点，禁止任何形式的个人崇拜。一定要维护党的领袖人物的威信，同时保证他们的活动处于党和人民的监督之下。在高度民主的基础上实行高度的集中，坚持少数服从多数、个人服从组织、下级服从上级、全党服从中央。执政党的党风问题是关系到党的生死存亡的问题。各级党组织和全体党员干部必须深入群众，深入实际，谦虚谨慎，和群众同甘共苦，坚决克服官僚主义。必须正确运用批评和自我批评的武器，克服离开党的正确原则的各种错误思想，根除派性，反对无政府主义和极端个人主义，纠正特殊化等不正之风。必须整顿党的组织，纯洁党的队伍，清除那些欺压人民的腐化变质分子。党在对国家事务和各项经济、文化、社会工作的领导中，必须正确处理党同其他组织的关系，从各方面保证国家权力机关、行政机关、司法机关和各种经济文化组织有效地行使自己的职权，保证工会、共青团、妇联、科协、文联等群众组织主动负责地进行工作。党要加强同党外人士的合作共事，发挥人民政协的作用，在国家事务的重大问题上同民主党派和无党派人士认真协商，尊重他们和各方面专家的意见。党的各级组织同其他社会组织一样，都必须在宪法和法律的范围内活动。

（36）我们坚决纠正“文化大革命”中所谓一个阶级推翻一个阶级的“无产阶级专政下继续革命”口号的错误，这绝对不是说革命的任务已经完成，不需要坚决继续进行各方面的革命斗争。社会主义不但要消灭一切剥削制度和剥削阶级，而且要大大发展社会生产力，完善和发展社会主义的生产关系和上层建筑，并在这个基础上逐步消灭一切阶级差别，逐步消灭一切主要由于社会生产力发展不足而造成的重大社会差别和社会不平等，直到共产主义的实现。这是人类历史上空前伟大的革命。我们现在为建设社会主义现代化国家而进行的斗争，正是这个伟大革命的一个阶段。这种革命和剥削制度被推翻以前的革命不同，不是通过激烈的阶级对抗和冲突来实现，而是通过社会主义制度本身，有领导、有步骤、有秩序地进行。这个转入和平发展时期的革命比过去的革命更深刻，更艰巨，不但需要很长的历史时期才能完成，而且仍然需要许多代人坚持不懈、严守纪律的艰苦奋斗，英勇牺牲。在这个和平发展的历史时期中，革命的道路决不会是风平浪静的，仍然有公开的和暗藏的敌人以及其他破坏分子在伺机捣乱，我们必须十分注意提高革命警惕，随时准备挺身而出，捍卫革命利益。我们全体中国共产党员和全国各族人民，在新的历史时期中一定要继续保持崇高的革命理想和旺盛的革命斗志，把伟大的社会主义革命和社会主义建设进行到底。

(37)经过建国三十二年来成功和失败、正确和错误的反复比较，特别是经过近几年来的思考和总结，全党同志和我国各族爱国人民的政治觉悟是大大地提高了。我们党对社会主义革命和建设的认识程度，显然超过了建国以来任何一个时期的水平。我们党敢于正视和纠正自己的错误，有决心有能力防止重犯过去那样严重的错误。从历史发展的长远观点看问题，我们党的错误和挫折终究只是一时的现象，而我们党和人民由此得到的锻炼，我们党经过长期斗争形成的骨干队伍的更加成熟，我国社会主义制度优越性的更加显著，要求祖国兴盛起来的党心、军心、民心的更加奋发，则是长远起作用的决定性的因素。我们的社会主义事业有伟大的前途，我国各族亿万人民有伟大的前途。

(38)党的团结,党同人民的团结,是进行社会主义现代化建设、夺取新的胜利的根本保证。只要全党紧密地团结一致,并且同人民群众紧密地团结一致,那么,我们党和党所领导的社会主义事业虽然还会遇到这样那样的困难,但总的趋势必然会日益兴旺发达。

一九四五年党的六届七中全会所一致通过的《关于若干历史问题的决议》,曾经统一了全党的认识,加强了全党的团结,促进了人民革命事业的迅猛前进和伟大胜利。十一届六中全会相信,这次全会一致通过的《关于建国以来党的若干历史问题的决议》,必将起到同样的历史作用。全会号召,在马克思列宁主义、毛泽东思想的伟大旗帜下,全党、全军、全国各族人民紧密团结在党中央周围,继续发扬愚公移山的精神,同心同德,排除万难,为把我们的国家逐步建设成为现代化的、高度民主的、高度文明的社会主义强国而努力奋斗!我们的目的一定要达到!我们的目的一定能达到!